W0298833

ANINA GEPP

VANTASTIC KITCHEN

EINFACHE UND GESUNDE
REZEPTE FÜR DIE CAMPER-KÜCHE
UND ZU HAUSE

at VERLAG

Inhalt

Mutausbruch: Warum tauschen wir Wohnung gegen Campervan?

Wenn wir unterwegs Menschen erzählen, dass dieser Bus, der gerade vor ihnen steht, unser Zuhause ist, schauen wir meistens erst einmal in ungläubige Augen. Klar: Vanlife ist in aller Munde, und es ist ein riesiger Trend, mit dem Campervan Urlaub zu machen. Aber die ganze Wohnung aufzugeben und nur mit dem Notwendigsten auf sechs Quadratmeter einzuziehen – das können sich doch nur die wenigsten vorstellen. Und ehrlich gesagt: Bis vor ein paar Jahren hätte ich mich sehr wohl dazugezählt. Nicht einmal über Ferien im fahrenden Zuhause habe ich damals nachgedacht. Doch das sollte sich alsbald ändern.

Im Gegensatz zu mir war meinem Partner Chris das Reisen mit dem Bus schon lange vertraut. Bereits als Kind reiste er mit seiner Familie in den Sommerferien mit dem VW-Bus umher. Und so lag es nahe, dass er mir diese mir so fremde Welt gerne zeigen wollte. Ich ließ mich überreden, dem Ganzen wenigstens eine Chance zu geben. Wir einigten uns auf drei Wochen Spanien und Portugal. Sonne, Strand und Meer. In der Wärme, so mein Gedanke, ließe sich das bestimmt aushalten.

Und dann geschah, womit weder Chris noch ich selbst gerechnet hätten: Ich verliebte mich Hals über Kopf ins Vanlife, direkt am ersten Abend. Ich war überwältigt davon, mit Blick auf den Sonnenuntergang und das Meer einzuschlafen – und mit der Sonne auch wieder aufzuwachen. Überrascht davon, wie schnell ich herunterfahren konnte, wo mir doch der Kopf normalerweise auch nach mehreren Tagen Urlaub noch brummte. Im Dachzelt unseres Mietcampers schlief ich so gut wie nie zuvor, genoss es, mir morgens meinen Kaffee im Espressokocher zu köcheln und noch im Pyjama die Yogamatte auszurollen. Ja, im Camper drin war es sehr eng und das große Chaos schnell angerichtet – doch wen kümmert das, wenn das Wohnzimmer die große, weite Welt ist? Wenn der Vorgarten jeden Tag wechselt und der Blick aus dem Wohnzimmer so schön ist, dass die Aussicht mehr einem Gemälde als der Realität ähnelt? Es ließ sich nicht von der Hand weisen: Ich hatte Blut geleckt.

Das war 2018. Bis zur Entscheidung, die wunderbare Hundert-Quadratmeter-Altbauwohnung aufzugeben und Vollzeit in einen Campervan zu ziehen, sollten noch einige weitere Reisen in Mietcampern stattfinden. Nur zwei Monate nach unserer ersten Tour durch Spanien und Portugal erkundeten wir im Spätherbst das schöne Engadin. Diesen wunderbaren Flecken Erde kannte ich bis dato noch gar nicht, obschon die tieforange eingefärbten Lärchen nur zwei Autostunden von Zürich entfernt wachsen. Wieder ergriff mich dieses Gefühl von absoluter Zufriedenheit, Ruhe und Freiheit, das für mich bis heute Vanlife so einzigartig macht, das ich aber noch immer nicht richtig in Worte fassen kann.

Was als reines Gedankenspiel begann, reifte so über ein Jahr zu einer immer fixeren Idee heran. Ich kann mich sehr gut an die Abende erinnern, als wir gemeinsam auf dem Sofa unserer alten Wohnung in Luzern lagen, an die hohe Stuckdecke blickten und uns fragten, wie es wohl wäre, in ein Fahrzeug zu ziehen, welches nicht einmal halb so groß wäre wie unsere Küche. Wir sprachen immer wieder davon, einfach alles hinter uns zu lassen und loszuziehen. So richtig ernst meinten wir das aber beide nicht. Chris hatte doch gerade erst seine neue Stelle als Marketingmanager angetreten und ich großen Spaß daran, mich nach Beendigung des Studiums endlich so richtig auf meine Selbstständigkeit zu konzentrieren.

Als wir im Sommer 2020 dann aber – erneut mit einem Mietcamper – Schweden bereisten, dämmerte uns langsam, was rückblickend gesehen schon viel länger als großer Elefant im Raum stand. Wir wollten das – und zwar so richtig. Ganz – oder gar nicht. Nicht nur als Flucht aus dem Alltag in den Ferien. Obwohl es auf unserer Reise in den Norden von morgens bis abends nur regnete und wir beide nicht mehr als einen Pullover dabeihatten – wir hatten schließlich mit Sommer gerechnet –, fühlten wir uns im Bus unglaublich angekommen und zu Hause. Natürlich fluchten wir, wenn wir mit unserem letzten Paar sauberer Socken in eine Pfütze traten oder nachts wach wurden, weil es selbst mit Wollsocken und Pudelmütze zu kalt war. Und vor allem eine warme Dusche habe ich mir oft gewünscht, mich aber nach großer Überwindung unter der eiskalten Outdoor-Dusche auch wie ein kleines Kind darüber gefreut, es doch überstanden zu haben. All diese Dinge, die viele Menschen vielleicht davon abhalten, den Luxus der eigenen vier Wände aufzugeben, waren für uns am Ende ausschlaggebend dafür, die Wohnung zu kündigen. Nirgendwo sonst würden wir uns so lebendig, unabhängig und frei fühlen.

Zurück in unserer Wohnung, fassten wir dann ziemlich schnell den Entschluss, uns auf die Suche zu machen. Auf die Suche nach unserem eigenen Zuhause auf vier Rädern. Schon zwei Monate später kauften wir unsere Fava, die damals nicht mehr war als ein großer Lieferwagen, der bis dahin als Umzugshelfer gedient hatte. Obwohl an diesem Kastenwagen noch nichts an eine gemütliche Einzimmerwohnung erinnerte, war ich in meinem Kopf längst damit beschäftigt, dem Bus Leben einzuhauchen. Ich stöberte stundenlang im Internet nach Küchenfliesen und musste mich zusammenreißen, nicht schon direkt die Kissenbezüge für die Sitzecke zu bestellen, von der wir noch nicht einmal wussten, wohin sie platziert werden würde.

Während ich mich total in Designfragen verlor und mental schon fast im Bus eingezogen war, stand für Chris erst mal noch eine weitere große Hürde an. Zu entscheiden, dass wir den Bus kaufen, ausbauen lassen und die Wohnung kündigen, fiel uns beiden erstaunlich leicht. Schwieriger war es für Chris, seinen Job aufzugeben und da Nägel mit Köpfen zu machen. Für mich war dieser Prozess einfacher. Ich war und bin meine eigene Chefin. Klar würde ich mich unterwegs auch erst einmal in einen neuen Alltag einfinden müssen, aber ich wusste von Anfang an, dass ich das Privileg habe, als Bloggerin von überall aus arbeiten zu können.

Als dann aber endlich rundherum ausgesprochen war, was wir lange nur für uns behalten hatten, konnten wir uns beide richtig auf das bevorstehende Abenteuer freuen. Fava zog über den Winter in die Werkstatt von Chris' Cousin in der Camperfabrik in Wädenswil ein und verwandelte sich dort von Woche zu Woche immer mehr zu unserem Traum-Van. Immer wieder waren wir vor Ort. Einerseits, weil wir nur so glauben konnten, was wir da vorhatten, und andererseits, weil wir natürlich sehen wollten, wie alles Gestalt annahm.

Ende April 2021 war es dann endlich so weit: Wir gaben den Wohnungsschlüssel ab und nahmen gleichzeitig jenen für den Bus in Empfang. Mir kullerten die Freudentränen nur so über die Wangen, als Samuel und Julia von der Camperfabrik uns unser Zuhause auf vier Rädern übergaben. Ich wusste zwar, wie das Ganze aussehen sollte, weil wir alles nach unseren eigenen Wünschen geplant und ausgesucht hatten, aber dass der Bus dann doch einfach noch toller war, als ich mir das erträumt hatte, war schlichtweg überwältigend.

Das also ist unser Weg bis zum Start der Reise unseres Lebens, die im Mai 2021 begann und sich bislang noch immer ohne Enddatum fortsetzt. Im ersten halben Jahr in unserem fahrenden Zuhause sind wir durch die Schweiz, Griechenland, Schweden, Norwegen und Italien gefahren. Auch wenn es unzählige Geschichten aus jedem dieser Länder zu erzählen gäbe, möchte ich euch in diesem Buch vor allem dazu einladen, euch kulinarisch von all diesen Destinationen inspirieren zu lassen.

Ihr findet in diesem Kochbuch über 80 Rezepte, die allesamt in meiner kleinen Van-Küche entstanden sind. Macht es euch auf dem Sofa mit einer Tasse Tee oder Kaffee gemütlich, holt euch mit den vielen Leckereien Urlaubsstimmung ins Wohnzimmer und stillt euer Fernweh bis zur nächsten eigenen Reise.

Minimale Küche für maximalen Geschmack

Dieses Kochbuch soll euch nicht nur auf eure Reisen begleiten, sondern genauso seinen Platz in der Küche zu Hause finden. Denn es ist doch so: Im hektischen Alltag wünschen wir uns alle ein bisschen mehr Einfachheit. Mit den über 80 Rezepten in »Vantastic Kitchen« möchte ich euch zeigen, dass eine gesunde, ausgewogene und nachhaltige Ernährung weder kompliziert noch besonders zeitintensiv sein muss.

Mein Kochbuch richtet sich an alle, die sich mehr Abwechslung und Frische im Speiseplan wünschen, ohne dafür stundenlang in der Küche zu stehen. Egal ob zu Hause oder unterwegs: Diese alltagstauglichen Rezepte basieren auf gängigen lokalen und saisonalen Zutaten und gelingen sowohl Kochneulingen als auch ambitionierten Foodies.

Die große Herausforderung in der Van-Küche ist es, auf viel kleinerem Raum gleich viel Geschmack, Raffinesse und Abwechslung auf den Teller zu bringen. Statt vier stehen mir hier nur zwei Herdplatten zur Verfügung, und wenn ich ein Ofengericht zaubern möchte, belegt der Gasherd schon eine davon. Was auf den ersten Blick kompliziert klingt, ist in Wirklichkeit aber auch eine Erleichterung. Durch die Platzverhältnisse bin ich nämlich auch dazu gezwungen, mir zu überlegen, wie ich ein Gericht geschickt vereinfache, abändere oder sogar neu erfinde. Dadurch erlebe ich das Kochen im Van nicht als Einschränkung, sondern vielmehr als Bereicherung. Nicht nur sind die simplen Gerichte oft die besten. Sie können auch mit wenigen Tricks und Handgriffen so verfeinert werden, dass ich selbst immer wieder staune, dass das auf so kleinem Raum funktioniert.

Das Besondere an den Rezepten aus »Vantastic Kitchen« ist, dass sie individuell angepasst werden können. Zu fast jedem Gericht gibt es Tipps, wie das Grundrezept verfeinert und/oder erweitert werden kann. So kommen alle auf ihre Kosten: Jene, die nach dem Feierabend schnell etwas Leckeres zaubern möchten, und solche, die gerne mehr Zeit investieren, in der Küche experimentieren und stets auf der Suche nach neuen Kombinationen und Geschmacksexplosionen sind. So oder so sind gesunde und vollwertige Gerichte, die schnell und mit wenigen Zutaten zuzubereiten sind, sowohl auf Reisen als auch in den eigenen vier Wänden ein Gewinn.

Das »V« in »Vantastic« steht übrigens nicht nur für den Van, sondern auch für vegan. Alle Gerichte im Buch sind – wie schon in meinem ersten Kochbuch »Iss dich grün!« – rein pflanzlich und kommen ohne tierische Produkte aus. Ein besonderer Fokus liegt auch beim zweiten Buch wieder auf dem Thema Nachhaltigkeit. So basieren die Rezepte auf Zutaten, die lokal im jeweiligen Land und saisonal zu kaufen sind. Für die Zutaten besuche ich Wochenmärkte und Bio- und Unverpacktläden in den jeweiligen Reiseländern. Auch von Restaurantbesuchen und Begegnungen mit Menschen habe ich mich inspirieren lassen.

So landen im Kochtopf neben frischen Zutaten auch immer viele persönliche Geschichten, die den Gerichten eine ganz besondere Note und Würze verleihen und – egal ob unterwegs oder zu Hause – zum Träumen einladen.

MEINE KÜCHE AUF VIER RÄDERN

Im Grunde genommen ist meine Küche voll ausgestattet, und ich muss auf all den Luxus, den ihr zu Hause in eurer Wohnung auch habt, nicht verzichten. Da und dort gibt es aber natürlich auch Unterschiede, die ich euch in diesem Kapitel gerne aufzeigen möchte. Hiermit lade ich euch ein in mein Reich, zu einer Tour durch das Herzstück unseres Vans.

GAS UND STROM

Wie bereits erwähnt, koche ich im Van auf zwei statt auf vier Herdplatten. Anders als in vielen Wohnungen koche ich mit Gas. Der Rest wird betrieben mit dem Strom, den unsere Solarpanels auf dem Dach produzieren. Das reicht aus für die Kühlung des 80-Liter-Kühlschranks, das kleine Eisfach und die Steckdose, an der ich sogar meinen Mixer anschließen kann.

WASSERVERSORGUNG

Abgewaschen wird von Hand mit kaltem Wasser. Das Schmutzwasser landet dann in einem Tank unter dem Spülbecken. Dort wird es gesammelt, bis wir es bei der nächsten Entsorgungsstelle entleeren können. Das Wasser aus dem Hahn kann bedenkenlos getrunken werden. Wir filtern es bereits beim Einfüllen und ein zweites Mal durch den Filter, der unter der Spüle verbaut ist. Das erspart uns das lästige Schleppen von Flaschen und ist nachhaltiger, als ständig Mineralwasser zu kaufen. Insgesamt umfasst der Wassertank 100 Liter Frischwasser. Dieses brauchen wir aber nicht nur in der Küche, sondern auch für unsere Outdoor-Dusche. Das erklärt von selbst, wie wichtig ein gutes Haushalten mit dieser wertvollen Ressource ist.

ORGANISATION UND AUFBEWAHRUNG

Apropos wertvolle Ressource: Das Wasser ist nicht das einzige Gut, das nur beschränkt vorhanden ist. Ein großes Thema im Van ist natürlich auch immer der Platz. Unsere Küche verfügt über drei große Schubladen, in denen wir Besteck, Schüsseln, Teller, Tassen, Töpfe, alle Utensilien für den Kaffee und vieles mehr verstauen. Links und rechts von diesen Schubladen sind jeweils zwei Schränke angebracht. Darin verstecken sich auf der rechten Seite der Mülleimer und die Spüle, auf der linken Seite die Gasflasche und etwas Platz für Vorräte. Ihr merkt schon: Dieser eine Schrank für Lebensmittel reicht nicht aus. Deswegen lagern wir weitere Vorräte auch gerne in den Kisten, die sich oberhalb der Fahrerkabine verbergen. Alles, was nicht täglich gebraucht wird, verfrachten wir zudem nach hinten in den Bus. Dort – quasi im Kofferraum – hat es immer noch Platz für Sachen, die nicht so schnell verderben und daher lange gelagert werden können.

Frische Lebensmittel, also Obst und Gemüse, hängen wir meistens direkt in der Küche auf. Dafür geben wir sie in grobmaschige Netze. So sehen wir immer, was noch da ist, und laufen nicht Gefahr, die frischen Sachen irgendwo zu verstauen, wo wir sie dann vergessen. Ein besonderer Hingucker in der Van-Küche sind zudem die Gläser, die oberhalb des Spülbeckens verschraubt sind. Darin befinden sich alle Toppings, die wir morgens gerne über den Porridge oder das Müsli geben.

BACKOFEN

Was wäre ein Kochbuch ohne Ofengerichte? Zum Glück gibt es auch hierfür eine tolle Lösung. Der sogenannte Omnia ist ein Gasbackofen, der funktioniert wie ein normaler Backofen zu Hause. Er sieht zwar etwas anders aus, und es braucht etwas Übung, bis alle Gerichte genauso gelingen, wie man das gewohnt ist. Aber sobald man den Dreh raushat, ist der Omnia aus der Van-Küche nicht mehr wegzudenken. Ich habe darin für dieses Buch allerlei Gerichte gezaubert. Egal ob Lasagne, Focaccia, Muffins oder Moussaka: Alles ist möglich. Um euch das Nachmachen zu erleichtern, gibt es zu jedem Ofenrezept immer zwei Angaben: einmal die Instruktionen für den herkömmlichen Ofen und einmal die Angaben für den Omnia.

AUSSTATTUNG UND EQUIPMENT

Bestimmt ist euch jetzt schon viel klarer, was meine kleine Van-Küche alles umfasst. Für eine bessere Übersicht liste ich nachfolgend nochmals alles auf, was bei mir auf keinen Fall fehlen darf. Natürlich klappt das Kochen im Bus auch mit weitaus weniger Equipment. Das ist sehr individuell. Mir persönlich ist eine gut ausgestattete Küche sehr wichtig.

GERÄTE

Omnia (Gasbackofen)
Mixer (oder Pürierstab)
Kühlschrank mit Gefrierfach
Milchaufschäumer
Küchenwaage

GESCHIRR

2 flache Teller
2 tiefe Teller
2 große Bowls
2 Müslischüsseln
2 Gläser
1 Salatschüssel
Besteck in vierfacher Ausführung

KÜCHENUTENSILIEN

Schwingbesen
Reibe
2 Töpfe (klein und groß)
1 Bratpfanne
Kaffeekocher (French Press)
Kaffeemühle
Sparschäler
Topflappen
Spülschwamm
Spülbesen
Wischlappen
Schneidebrett (groß und klein)
Messer (groß und klein)
Kochlöffel

AUFBEWAHRUNG

Frischhalteboxen
Schraubgläser
Wachstücher
kleine Kisten
Klammern
Baumwollbeutel

Tipps für eine vollwertige pflanzliche Ernährung

Eine ausgewogene Ernährung ohne tierische Produkte ist weder kompliziert noch teurer. Auch geschmacklich muss auf nichts verzichtet werden. Ganz im Gegenteil: Ein Speiseplan, der auf pflanzlichen Lebensmitteln basiert, kann unglaublich abwechslungsreich, spannend und gesund sein. Ganz nebenbei tun wir damit auch der Umwelt etwas Gutes. Wie gut das alles schmeckt, erfahrt ihr, wenn ihr euch im Rezeptteil dieses Buchs austobt.

Obschon ich selbst seit über sechs Jahren vegan lebe, ist es mir wichtig, anzumerken, dass ich nicht den Anspruch habe, dass jeder Mensch rein pflanzlich essen will oder kann. Ernährung ist ein sehr persönliches und individuelles Thema. Ich bin aber überzeugt davon, dass es wichtig ist, dass wir bewusstere Kaufentscheidungen treffen und uns alle wieder mehr damit auseinandersetzen, was täglich auf unserem Teller landet. Für uns und unser Klima.

Weil es noch immer sehr viele Unsicherheiten und Vorurteile gibt, wenn wir über eine pflanzenbasierte Ernährung sprechen, möchte ich in diesem Kapitel darauf eingehen, wie ohne viel Aufwand und Theorie eine ausgewogene pflanzliche Mahlzeit entsteht, die euch mit allen wichtigen Nährstoffen und Vitaminen versorgt.

Gerne möchte ich euch dabei dort abholen, wo ihr gerade steht: Vielleicht möchtet ihr weniger oder gar keine Fleisch- und Milchprodukte mehr essen. Oder aber ihr habt euch dieses Buch gekauft, weil ihr Lust auf mehr Abwechslung und Farbe in eurem Speiseplan habt und einfach ab und an einen pflanzlichen Tag einlegen wollt. Ganz egal, was eure Intention ist: Lasst euch gerne dort inspirieren, wo ihr es wollt, und nehmt mit, was ihr für euch gebrauchen könnt. Dieses Buch ist eine Einladung, und ihr bestimmt, auf welche Reise ihr mitkommt und in welchem Tempo.

Wie »baue« ich mir eine ausgewogene Mahlzeit?

Viele von uns sind damit aufgewachsen, dass Mahlzeiten rund ums Fleisch geplant wurden. Kein Wunder also, dass es erst einmal eine Herausforderung ist, wenn der Hauptdarsteller auf dem Teller plötzlich fehlt. Dabei ist es mit ein bisschen Übung überhaupt kein Problem, ein pflanzliches Gericht zu zaubern, welches schmeckt, satt macht und uns obendrein mit allen wichtigen Nährstoffen versorgt.

Ich persönlich habe die Erfahrung gemacht, dass meine Ernährung durch das Weglassen von tierischen Produkten noch viel bunter und vielseitiger geworden ist. Tatsächlich bin ich in der Küche nämlich schlichtweg kreativer geworden. Mein Speiseplan war noch nie so bunt und abwechslungsreich. Fakt ist: Vieles von dem, was wir essen, essen wir aus Gewohnheit und weil wir es eben so kennen. Wenn dann aber viele der Produkte, die wir von Kind an immer in den Einkaufswagen gelegt haben, nicht mehr mitkommen, müssen wir uns logischerweise damit auseinandersetzen, was denn stattdessen noch alles möglich wäre. Das ist es, was oft erst einmal als großer Verzicht wahrgenommen wird. Auf den zweiten Blick ist doch aber genau das eine unglaublich große Bereicherung. Heute weiß ich beispielsweise ganz genau, welches Gemüse wann Saison hat, oder ich probiere gerne alte Getreidesorten aus, die seit der Generation meiner Großeltern in Vergessenheit geraten sind.

Wichtig ist, dass all das ein Prozess ist. Die wenigsten Menschen krempeln von heute auf morgen ihren ganzen Speiseplan um und bleiben dann auch dabei. Das war auch bei mir nicht so. Und unter uns: Das Ganze soll doch auch Spaß machen, oder? Nur dann kann eine bewusstere und gesündere Ernährung nachhaltig sein. Das Ziel ist es nicht, einem irrealen Ideal nachzueifern, das im Alltag nicht umsetzbar ist. Das Ziel soll es sein, sich selbst etwas Gutes zu tun und wieder zu lernen, bewusst mit Ressourcen zu haushalten und alte Verhaltensmuster zu überdenken.

Die nachfolgenden Tipps sollen euch dabei helfen, eure Ernährung ausgewogen zu gestalten – im Großen und Ganzen, aber eben auch Mahlzeit für Mahlzeit.

VIELSEITIG UND BUNT GENIESSEN

Die Vielfalt der angebotenen Lebensmittel war noch nie so groß wie heute. Trotzdem spiegelt sich dieses Angebot auf vielen Tellern nicht unbedingt wider. Für eine vollwertige pflanzenbasierte Ernährung ist es sehr wichtig, viele verschiedene Sorten Gemüse, Obst, Getreide und Nüsse zu essen. Am besten bekommen uns dabei regionale und saisonale Lebensmittel in Bio-Qualität.

BEI GEMÜSE UND OBST ZUGREIFEN

Die Basis der pflanzlichen Ernährung bilden Gemüse und Obst. Sie sollten bei keiner Mahlzeit fehlen. Besonders nährstoffreich sind sie, wenn sie ab und an auch roh verzehrt werden. Das kann als Salat, Smoothie oder Snack zwischendurch sein. Die darin enthaltenen sekundären Pflanzenstoffe versorgen den Körper mit vielen Mineral- und Ballaststoffen.

NEUE GETREIDESORTEN ENTDECKEN

Es lohnt sich auch, den altbekannten Speiseplan mit Weizenpasta und hellem Brot durch Lebensmittel wie Vollkornreis, Haferflocken, Hirse oder Buchweizen zu ergänzen. Auch Kohlenhydratlieferanten wie Kartoffeln, Dinkel oder Gerste sind herzlich willkommen. Kohlenhydrate sind unsere Hauptquelle für Energie, die wir jeden Tag benötigen, um all unsere Aufgaben im Alltag zu stemmen. Wer gerne auch sportlich aktiv ist, sollte hier definitiv ruhig noch eine Portion mehr einrechnen.

DIE WICHTIGSTEN EIWEISSQUELLEN

Klären wir die vermeintlich wichtigste Frage: Wie komme ich denn zu meinen Proteinen? Tatsächlich hält sich der Mythos, eine pflanzliche Ernährung versorge unseren Körper nicht mit ausreichend Proteinen, hartnäckig. Dabei enthalten viele Pflanzen weitaus mehr Eiweiße, als es viele tierische Lebensmittel je könnten, und strotzen obendrein nur so von Ballaststoffen, Mineralstoffen und wichtigen Spurenelementen.

Fakt ist: Pflanzliche Proteinquellen sind selbst für den Muskelaufbau genauso geeignet wie tierische Eiweiße. In der richtigen Kombination können pflanzliche Proteine sogar eine höhere Wertigkeit aufweisen als tierische Produkte.

Unten seht ihr eine Tabelle mit den wichtigsten pflanzlichen Eiweißquellen. Dabei ist jeweils vermerkt, wie viel Eiweiß sie auf 100 Gramm enthalten und wofür sie sich besonders gut eignen.

KEINE SCHEU VOR GESUNDEN FETTEN

Besonders viele ungesättigte Fettsäuren (das sind die gesunden Fette) sind in Nüssen und Ölsamen wie Hanfsamen, Leinsamen, Sonnenblumenkernen, Sesam und vielen mehr enthalten. Sie sind aber nicht nur reich an gesunden Fetten, sondern enthalten auch viele Mineralstoffe wie Eisen, Kalzium und Magnesium. Besonders lecker schmecken Nüsse als Mus (Erdnussmus, Sesammus, Mandelmus, Walnussmus usw.).

VITAMIN B_{12} SUPPLEMENTIEREN

Tatsächlich ist Vitamin B_{12} der einzige Nährstoff, der nicht – beziehungsweise nicht mehr – in pflanzlichen Lebensmitteln vorkommt, den wir aber für ein gesundes Leben unbedingt brauchen. Noch in den 1950er-Jahren wiesen auch Erdproben B_{12} auf. Das heißt, dass ungewaschenes Gemüse zu jener Zeit ebenfalls eine gute Quelle war, um das Vitamin aufzunehmen. Heutzutage ist das leider keine sichere Quelle mehr, da unsere Böden durch die starke Bewirtschaftung der Ackerflächen ausgelaugt werden und ein Großteil der natürlichen Bodenflora durch die industrielle Landwirtschaft zerstört wurde.

ZUTAT	EIWEISS PRO 100 G	GERICHTE
Tofu	35 g	Currys, Rührtofu, Salate, Müsli
Tempeh	35 g	Burger, Wraps, Buddha Bowls
Kichererbsen	25 g	Hummus, Salate, Eintöpfe
Linsen	25 g	Suppen, Dal, Moussaka
Bohnen	25 g	Eintöpfe, Currys, Casseroles (Schmortöpfe)
Weizeneiweiß (Seitan)	75 g	Burger, »Geschnetzeltes«, Sandwiches
Nüsse	18 g	Granola (als Snack), Nussmus
Samen	30 g	Müsli, Porridge, Pasta, Currys
Kerne	30 g	Granola, Bliss Balls, Energieriegel

Da sich Tiere heute aber auch nicht mehr viel in der Natur auf reichhaltigen Böden bewegen können, wird auch ihnen das B_{12} künstlich durch das Futter zugeführt. Wer also denkt, dass nur eine Ernährung mit Fleisch- und Milchprodukten ausgewogen sein kann, macht hier einen Denkfehler. Menschen, die sich pflanzlich ernähren, supplementieren das Nahrungsergänzungsmittel einfach direkt, statt es über das Tier aufzunehmen, welches das B_{12} ebenfalls künstlich aufgenommen hat. Dasselbe gilt übrigens für die Aufnahme von Omega-3-Fettsäuren. Auch hier kann direkt Algenöl supplementiert werden statt durch den Verzehr von Fisch. Denn Fische enthalten auch nur so viel Omega 3, weil sie Algen fressen.

Die einfachste Art und Weise, B_{12} zu supplementieren, ist es, jeden Tag ein paar Tropfen B_{12} ins Frühstück zu geben. Es gibt auch Tabletten, aber Tropfen werden vom Körper besser verwertet, da bereits die Mundschleimhäute das B_{12} aufnehmen. Ebenfalls gibt es heute einige Zahnpasten, die mit B_{12} angereichert werden.

TEXTUR UND WÜRZE

Reden wir unbedingt auch über Texturen und Würze. Diese beiden Komponenten sind meiner Meinung nach viel wichtiger als die Sorge darüber, wie wir zu unseren Eiweißen kommen. Versteht mich nicht falsch: Natürlich ist es unabdingbar, sich damit auseinanderzusetzen, dass eine Mahlzeit vollwertig ist. Aber mindestens genauso wichtig ist es eben auch, dass das Gericht schmeckt. Und da sind wir auch schon beim Thema. Verschiedene Texturen sind eine Möglichkeit, Rezepte spannender und raffinierter zu gestalten. Koche ich einen cremigen Eintopf, möchte ich obendrauf ein knuspriges Topping in Form von gerösteten Nüssen oder eines salzigen Granola vorfinden. Eine heiße Suppe schmeckt interessanter, wenn sie mit einem Klecks Sojasahne serviert wird, und ein Porridge wird dann vom langweiligen Frühstück zum echten Renner, wenn er mit saftigen Bratapfelstückchen mit Zimt durchzogen ist. Auch frische Kräuter sind eine tolle Möglichkeit, Gerichte geschmacksintensiver zu machen.

Bei vielen Rezepten in diesem Kochbuch findet ihr unter der Anleitung jeweils einen zusätzlichen Tipp, wie ihr das Gericht mit wenigen Handgriffen nochmals verfeinern könnt. Oft benötigt ihr dafür weder mehr Zeit noch mehr Zutaten. Mit der Zeit werdet ihr ein Gefühl dafür bekommen, wie ihr euren Lieblingsmenüs jedes Mal einen neuen letzten Schliff geben könnt.

Nachfolgend findet ihr schon einmal ein paar tolle Tipps und Tricks, die ohne viel Mehraufwand mehr Raffinesse und Geschmack in euren Speiseplan bringen können:

- frisch gehackte Kräuter in Salate oder über Eintöpfe geben
- Nüsse und/oder Kerne anrösten, in ein Glas abfüllen und als Topping für herzhafte Speisen verwenden
- Gerichte bei Tisch mit Chili- oder Knoblauchöl verfeinern
- Zitronen oder Limetten auspressen und den Saft über Gerichte träufeln
- Gewürz- und Salzmischungen selbst herstellen
- Nussmus als Topping über ein süßes Frühstück geben
- einen Klecks Sojajoghurt über herzhafte Gerichte geben
- verschiedene Geschmacksrichtungen kombinieren: süß, salzig, herb, bitter und sauer ergänzen sich oft überraschend gut
- Mut zur Kreativität: Probieren geht über Studieren!

Gesund kochen ohne viel Aufwand

Unser Alltag ist oft hektisch. Da bleibt wenig Zeit, sich aktiv über die eigene Ernährung Gedanken zu machen. Während ich überzeugt davon bin, dass wir Essen auch wieder mehr zur Priorität machen sollten, ist mir bewusst, dass dafür schlichtweg auch oft die Muße fehlt. Darum kann es helfen, sich nach und nach neue Routinen zu schaffen, die es erlauben, gesünder und ausgewogener zu essen. Das beginnt im Kleinen und vor allem damit, sich nicht gleich zu viel vorzunehmen. Es bringt nichts, sich zu sehr unter Druck zu setzen.

FRISCHES OBST UND GEMÜSE ALS SNACKS EINBAUEN

An Tagen, an denen ich weiß, dass ich nicht groß zum Kochen komme, baue ich gerne gesunde und frische Snacks ein. Das funktioniert auch super unterwegs. Dafür schnipple ich mir gerne ein bisschen Rohkost vor (beispielsweise Karotten, Gurke oder Tomaten) und packe diese in eine Frischhaltebox. Länger satt hält das Ganze, wenn dazu etwas Hummus oder ein anderer Dip gegessen wird. Wer lieber süß snackt, kann auch zu Trockenfrüchten und Nüssen greifen oder Apfelstücke mit Nussbutter essen.

DAS FRÜHSTÜCK PIMPEN

Morgens essen wir oft dasselbe. Das ist damit auch die ideale Möglichkeit, bereits zum Start in den Tag ein paar Vitamine einzubauen und/oder die erste Mahlzeit des Tages nährstoffreicher zu gestalten. Hier ein paar Ideen:

- Raffelt ins Birchermüsli oder in den Porridge eine kleine Zucchini.
- Wer gerne zu Müsli mit Pflanzenmilch greift, könnte einen Löffel geschrotete Leinsamen für mehr gesunde Fette dazugeben oder aber am Wochenende selbst ein knuspriges Granola backen (im Rezeptteil gibt es drei Rezepte dazu).
- Für alle, die morgens gerne Brot essen: Wie wäre es mit Nussbutter auf der süßen Stulle oder Sprossen auf dem herzhaften Brot? Beides versorgt euch mit wichtigen Eiweißen und macht länger satt als nur Konfitüre oder Käse.

VORRÄTE KOCHEN UND IM KÜHLSCHRANK LAGERN

Ihr esst gerne Linsen, Vollkornreis und Co., es dauert euch abends aber einfach zu lange, sie zuzubereiten? Ein guter Tipp ist es, die liebsten Beilagen zu Beginn der Woche vorzukochen und dann im Kühlschrank zu lagern. Das nimmt euch an hektischen Tagen viel Arbeit ab, und ihr seid schneller in der Zubereitung einer ausgewogenen Mahlzeit, weil ihr quasi nur noch das Drumherum kochen müsst. Dasselbe gilt beispielsweise für Hummus, Dips oder Saucen: Sind sie bereits auf Vorrat hergestellt und warten im Kühlschrank, greift ihr weniger zu fertig gekauften Produkten oder Convenience-Food.

NICHT JEDE MAHLZEIT MUSS AUSGEWOGEN SEIN

Eine gesunde und ausgewogene Ernährung ist jene, die über einen längeren Zeitraum gesehen abwechslungsreich ist. Es ist wichtig, sich nicht schlecht zu fühlen, wenn es an einem Tag mal gar nichts Frisches gibt. Entscheidend ist, wie der Speiseplan über eine Woche, über einen Monat und über Jahre hinweg aussieht. Mein erster Tipp lautet also: Druck rausnehmen, nicht alles auf die Goldwaage legen und lernen, dass eine ausgewogene Ernährung keine perfekte sein muss.

TAKE-AWAY-GERICHTE AUFMOTZEN

Hand aufs Herz: Selbst ich als passionierte Köchin genieße es, nicht immer selbst hinter dem Herd zu stehen. Im Van kommt es zwar nicht mehr so oft vor, dass wir Essen bestellen, aber ich erinnere mich daran, dass mir in der Wohnung bei solchem Essen dann oft das gewisse Etwas fehlte. So habe ich jeweils ein paar frische Kräuter gehackt und über das Gericht gegeben oder etwas Räuchertofu gewürfelt und unter mein Curry gemischt. Mit solchen und ähnlichen Tricks könnt ihr auch Take-Away-Gerichten mehr Frische und Nährstoffe verleihen.

DIE DOPPELTE MENGE KOCHEN

Die meisten Rezepte in diesem Buch reichen für zwei Portionen. Wenn ihr genügend Platz im Gefrierfach habt, könnt ihr natürlich einfach die doppelte Menge davon kochen und habt so gleich ein Menü für einen anderen Tag, an dem die Zeit knapper ist.

REZEPTE UNTER 30 MINUTEN

Weil ich weiß, wie groß das Bedürfnis nach Rezepten ist, die sehr schnell fertig auf dem Tisch stehen, gibt es in diesem Buch ein ganzes Kapitel mit Kochideen, die weniger als 30 Minuten in Anspruch nehmen (Seite 91 ff.).

Meine Vorräte und Einkaufsliste

Auch im Campervan ist es praktisch, immer eine Grundausstattung an Lebensmitteln an Bord zu haben. Denn Pläne können sich sehr schnell ändern, wenn wir denn überhaupt welche machen. Wenn ich eines gelernt habe, dann ist es, dass das Leben im Van oft gar nicht vorhersehbar ist. Meistens wissen wir am Morgen noch nicht, wo wir abends schlafen. Deswegen ist es auf jeden Fall ratsam, immer gewappnet zu sein. Denn gibt es was Schlimmeres, als hungrig ins Bett zu gehen? Eben.

Diese Liste unterscheidet sich übrigens gar nicht groß von jener, die ich zu Hause in meiner Wohnung niedergeschrieben hätte. Der einzige Unterschied ist wohl, dass ich nicht immer alles davon griffbereit habe. Vielmehr ist es so, dass ich gerne immer drei bis vier verschiedene Vorräte dahabe und diese dann austausche, sobald die erste Packung beendet ist. Diese Liste dient also mehr als Inspiration für euch und enthält vielleicht an der einen oder anderen Stelle auch Lebensmittel, die nicht mehr so gängig sind. Ich denke da vor allem an alte Getreidesorten, die ich mit einigen Rezepten in meinem Buch wieder ein wenig aufleben lassen will. Aber seht selbst:

IM VORRATSSCHRANK

- Sonnenblumenkerne
- Walnüsse
- Haselnüsse
- Leinsamen
- Hanfsamen
- Balsamicoessig
- Apfeldicksaft
- Reissirup
- Knoblauch
- Zwiebeln
- Rapsöl
- Olivenöl
- Nussmus

PASTA, GETREIDE UND HÜLSENFRÜCHTE

- Haferflocken
- Rollgerste
- Risottoreis
- Vollkornreis
- Basmatireis
- Hirse
- Couscous
- Tellerlinsen
- Linsen, rot und grün
- Vollkornpasta
- Spaghetti
- Kartoffeln
- Buchweizen
- Kichererbsen
- Weiße Bohnen
- Maisgrieß

GEWÜRZE

- Salz
- Schwarzer Pfeffer
- Mediterrane Kräuter, getrocknet
- Kardamom
- Nelkenpulver
- Koriander
- Paprikapulver, geräuchert
- Zimt
- Muskatnuss
- Hefeflocken
- Knoblauchpulver
- Kurkumapulver
- Gemüsebrühe

MEHLE

- Dinkelmehl, hell
- Vollkornmehl
- Sojamehl
- Hafermehl
- Backpulver

IM KÜHLSCHRANK

- Senf
- Sambal Oelek
- Ingwer
- Gemüse je nach Saison
- Früchte je nach Saison
- Hafer- oder Sojasahne
- Hafermilch
- Sojajoghurt
- Frische Kräuter
- Zitronen
- Tomatenmark

IM GEFRIERFACH

- Beeren
- Kräuter
- Blattgrün
- Bananen
- Maroni (Maronen)

Nachhaltig und bewusst unterwegs

Ein bewusstes und gesundes Leben hört für mich nicht bei der Ernährung auf. Deswegen möchte ich in diesem Kapitel darauf eingehen, wie wir möglichst ressourcen- und umweltschonend unterwegs sind und worauf wir aktiv achten, seitdem wir im Bus leben.

ZU GAST IN DER NATUR

Mit dem Van unterwegs zu sein, heißt auch, mit und in der Natur zu leben. Wichtig ist uns dabei, nie zu vergessen, dass wir an Stellplätzen nur zu Gast sind. Es ist ein absolutes Privileg, frei stehen zu dürfen. Und damit das überhaupt noch weiter möglich ist, liegt es an allen Vanlifers, sich an gewisse ungeschriebene Regeln zu halten. Wir haben für uns einen eigenen kleinen Verhaltenskodex aufgestellt:

Wir verlassen Stellplätze sauberer, als wir sie angetroffen haben. Ein Muss an Bord sind ein Handschuh und ein Abfallsack. Damit sammeln wir den Müll der vorherigen Gäste ein.

Freistehen ist in vielen Ländern eine rechtliche Grauzone. Uns ist es wichtig, dass wir niemanden stören. Deswegen übernachten wir nicht dort, wo Menschen wohnen, machen keinen Lärm und räumen unsere Tische und Stühle über Nacht in den Bus. Außerdem bleiben wir nie tage- oder wochenlang an einem Stellplatz.

Eine große Problematik des Freistehens ist, dass die lokale Wirtschaft kaum davon profitiert. Wir versuchen, etwas zurückzugeben, indem wir in kleinen Läden vor Ort einkaufen, Wochenmärkte besuchen, auswärts Kaffee trinken und auch regelmäßig auf Campingplätzen übernachten.

Die Natur ist keine Toilette. Wir haben uns deshalb für eine kleine Trockentrenntoilette an Bord entschieden. Diese nimmt nur wenig Platz weg, ist superleicht zu reinigen und obendrein auch viel umweltfreundlicher als eine Chemietoilette.

HAUSHALTEN MIT RESSOURCEN

Wie eingangs schon erwähnt, umfasst unser Wassertank 100 Liter. Das reicht uns zu zweit für ungefähr vier bis fünf Tage. Wir haben gelernt, mit möglichst wenig Wasser durch den Tag zu kommen. Wir nutzen diesen Tank für den Abwasch, die Dusche und trinken auch vom Hahn. Letzteres ermöglichen uns die schon erwähnten beiden Wasserfilter, die uns immer gute Trinkwasserqualität garantieren. Beim Thema Wasser sehen wir unglaublich viel Potenzial, auch zu Hause in der Wohnung bewusster mit dieser wertvollen Ressource umzugehen. Das beginnt im Kleinen: Den Hahn abzudrehen, wenn die Zähne geputzt werden, oder keine Waschmaschine mit nur drei Kleidungsstücken laufen zu lassen, sollte dabei eine Selbstverständlichkeit sein.

Eine weitere im Van nicht endlose Ressource ist der Strom. Wir haben auf dem Smartphone eine App installiert, die uns stets anzeigt, wie viel Strom wir noch zur Verfügung haben. Je sonniger der Tag, desto mehr Geräte können aufgeladen werden. Was zu Beginn vielleicht ungewohnt oder gar nervig ist, zeigt einem auf der anderen Seite eben auch auf, dass Strom nicht einfach unendlich aus der Steckdose kommt. Es fühlt sich gut an, zu wissen, dass wir das, was wir verbrauchen, über unsere Solarpanels auf dem Dach auch selbst produzieren.

Eine Frage, die uns auch oft gestellt wird, ist die nach der Heizung. Tatsächlich haben wir im Van auch die Möglichkeit, den kleinen Innenraum aufzuwärmen. Das funktioniert über eine Standheizung, die mit Diesel betrieben wird. Bevor diese aber zum Einsatz kommt, müssen erst einmal Wollsocken, Pudelmütze und Bettflaschen herhalten. Oft reicht das in Kombination mit einem heißen Tee und zwei dicken Decken schon aus, um seelenruhig zu schlafen.

LEBENSMITTEL RICHTIG LAGERN UND VERWERTEN

Food-Waste ist ein riesiges Problem, auch in Privathaushalten. Ein Drittel der Lebensmittel, die im Müll landen, werden zu Hause weggeworfen, und zwar, weil wir zu viel einkaufen, den Überblick verlieren, Essen zu schnell wegwerfen, obwohl es noch genießbar wäre, usw. Im Van haben wir den klaren Vorteil, sowieso nur wenig auf einmal einzukaufen, weil uns der Platz fehlt. Das ist aber auch ein guter Tipp für zu Hause. Großeinkäufe sparen zwar ganz klar Zeit, aber sie verleiten auch oft dazu, zu viel einzukaufen.

WEITERE TIPPS GEGEN LEBENSMITTEL-VERSCHWENDUNG

- Lebensmittel richtig lagern
- durchsichtige Frischhalteboxen im Kühlschrank verwenden (wenn man hineinsehen kann, vergisst man seltener, was noch alles da ist)
- übrig gebliebenes Essen sofort einfrieren
- am Wochenende ein Resteessen kochen
- Gemüse ganz verwerten (z. B. den Brokkolistrunk mitessen)
- die eigenen Sinnesorgane über das Haltbarkeitsdatum stellen
- lokal, saisonal und biologisch konsumieren

Sich pflanzlich zu ernähren, ist mit Abstand die umweltfreundlichste Form der Ernährung. Dennoch ist es wichtig, auch auf Regionalität und Saisonalität zu achten. Wer regional einkauft, unterstützt damit die lokale Wirtschaft und sorgt dafür, dass Lebensmittel kürzere Transportwege zurücklegen. Außerdem sind frisches Gemüse und Obst auch einfach aromatischer, frischer und damit gesünder. Es ist also wirklich wahr, dass der Unterschied zwischen regional und saisonal auf der einen und Lebensmitteln aus dem Supermarkt auf der anderen Seite sich oft nicht nur CO_2-technisch niederschlägt, sondern eben auch wirklich zu schmecken ist. Wenn es finanziell möglich ist, macht es auch Sinn, biologisch produzierte Lebensmittel vorzuziehen.

Achtsam zu konsumieren und einzukaufen, ist natürlich ein absolutes Privileg. Nicht allen Menschen ist es möglich, alle Lebensmittel auf dem Wochenmarkt in Bio-Qualität einzukaufen. Wer es sich aber leisten kann, investiert hier bestimmt goldrichtig: sowohl in die Zukunft unseres Planeten als auch in die eigene Gesundheit.

SLOW TRAVEL – DER WEG IST DAS ZIEL

Zu Beginn unserer Reise hatten wir ein so hohes Tempo drauf, dass wir irgendwann voll auf die Bremse treten mussten. Das war definitiv ein großes Learning für uns: Schnelligkeit rauszunehmen und bewusster zu genießen, macht Vanlife erst so richtig besonders. Deswegen achten wir darauf, dass wir uns Zeit nehmen, um von A nach B zu kommen. Das ist nicht nur nachhaltiger, sondern hilft auch uns dabei, die vielen wunderbaren Eindrücke besser zu verarbeiten. Schneller und höher ist nicht immer besser. Oft entdecken wir nämlich die richtig tollen Orte erst auf den zweiten Blick und sind dann umso froher, uns die Zeit dafür genommen zu haben.

BESSER ALS GEKAUFT

Viele Produkte, die früher ganz selbstverständlich in jedem Haushalt selbst hergestellt wurden, bekommt man heute problemlos in jedem Supermarkt. Das ist auf der einen Seite wunderbar, weil wir im hektischen Alltag nicht immer alles selbst backen oder kochen können. Andererseits finde ich es auch schön, mir bewusst die Zeit zu nehmen, um Brot zu backen oder Gewürzmischungen selber zu machen.

In diesem Kapitel finden sich also meine Lieblingsrezepte für schnelle Basics, die im Handumdrehen gezaubert sind. Dazu gehören beispielsweise dreierlei Sorten Knuspermüsli aus der Pfanne, die einfach besser schmecken, als es die gekaufte Variante je könnte. Und dann sind da noch die ganz besonderen Leckereien, die ich, wenn immer möglich, lieber in meiner Küche zubereite, als sie zu kaufen. Dazu gehören das saftige und so nährstoffreiche Karotten-Quark-Brot und der Kernmesan, der als nussiges Topping jedes noch so einfache Pastagericht zu einem absoluten Renner macht. Zudem habe ich Rezepte für einen Tofu-Ricotta oder einen eingelegten pflanzlichen Feta ausgetüftelt, die es so nirgends zu kaufen gibt.

Tofu-Ricotta

Dieses Rezept ist so simpel und lecker, dass es schon fast unverschämt ist. Wer es einmal ausprobiert hat, wird es als Vorrat im Kühlschrank nicht mehr missen wollen.

FÜR CA. 300 G RICOTTA

250 g Tofu
50 ml Sojamilch
2 EL Zitronensaft
2 EL Olivenöl
1 Prise Salz
¼ TL Knoblauchpulver
2 EL Hefeflocken
½ Bund Basilikum, gehackt

Alle Zutaten, bis auf das Basilikum, im Standmixer oder mit dem Pürierstab zu einer Masse vermengen (cremig, aber noch leicht krümelig). Zum Schluss das frisch gehackte Basilikum unterheben. Das Ganze in eine Käseform drücken und den Ricotta im Kühlschrank mehrere Stunden oder über Nacht abtropfen lassen. Alternativ kann der Ricotta auch sofort weiterverwendet werden.

Eingelegter veganer Feta-Käse

Ob zum Aperitif in Kombination mit Grissini und Oliven oder als Topping für herzhafte Gerichte: Dieser aus eingelegtem Tofu gezauberte Feta-Käse ist so würzig, dass er selbst jenen schmeckt, die Tofu eigentlich gar nicht mögen.

FÜR 1 GLAS À 250 ML

200 g Tofu natur
6 EL Olivenöl
1 EL Hefeflocken
1 TL mediterrane Kräuter
½ TL Knoblauchpulver
Salz und Pfeffer

Den Tofu abtropfen lassen, mit einem sauberen Tuch ausdrücken und dann in kleine Würfel schneiden. Die restlichen Zutaten zu einer Marinade anrühren und den Tofu darin wälzen. Alles in ein Glas geben, gut schütteln und im Kühlschrank über Nacht ziehen lassen. Der Feta-Käse bleibt so mindestens zwei Wochen frisch.

Karotten-Quark-Brot

Dieses Kastenbrot kommt ganz ohne Mehl aus und muss auch nicht geknetet werden. Das ballaststoffreiche Brot mit Haferflocken, Karotten und Kürbiskernen bestiсht nicht nur durch seine Nährwerte, sondern auch durch den vollmundigen Geschmack. Sowohl süße als auch herzhafte Aufstriche passen perfekt dazu.

FÜR 1 BROT (KASTENFORM BIS 25 CM LÄNGE)

100 g Karotte
300 g feine Haferflocken
100 g Sojajoghurt
100 g Kürbiskerne
2 TL Salz
2 EL Leinsamen, geschrotet
200 ml kaltes Wasser
Fett für die Form

Die Karotte schälen und reiben. In einer Schüssel mit den restlichen Zutaten vermengen und mit sauberen, kalten Händen gut durchkneten. Den Teig in die gefettete Kastenform geben und festdrücken. Mit etwas Wasser bepinseln und im Ofen bei 180 Grad Umluft 65 Minuten backen. Im Omnia dauert es auf mittlerer Stufe ungefähr gleich lange.

Das Brot bleibt mehrere Tage frisch und saftig. Im Kühlschrank hält es sogar bis zu einer Woche. Alternativ kann das Brot auch gut eingefroren werden.

Kernmesan

Dieser pflanzliche Streukäse verfeinert so ziemlich jedes Gericht und verleiht Rezepten Extrawürze.

FÜR 1 GLAS À 250 ML

100 g Sonnenblumenkerne, geröstet
50 g Pinienkerne, geröstet
5 EL Hefeflocken
1 TL Knoblauchpulver
½ TL Paprikapulver, edelsüß
2 EL Olivenöl
Salz und Pfeffer

Die beiden Kernsorten in einer Pfanne kurz anrösten und anschließend im Standmixer mahlen. In eine Schüssel geben und mit den restlichen Zutaten gut verrühren. In einem luftdichten Glas im Kühlschrank aufbewahren. Die Mischung ist so zwei Wochen haltbar.

Kürbiskuchen-Gewürz

Pumpkin Spice ist eine Gewürzmischung, die vor allem in den USA sehr beliebt ist. Inzwischen gibt es sie auch hierzulande zu kaufen. Aber genauso gut kann das Gewürz selbst zusammengestellt werden. Ich verfeinere damit gerne mein Frühstück oder auch Backwaren wie Kuchen und Muffins.

FÜR 1 KLEINES GLAS À 100 ML

10 TL Zimt
5 TL Ingwerpulver
2 TL Nelkenpulver
1 TL Muskatnuss, gerieben
1 Prise Vanillepulver
1 Prise Salz

Alle Zutaten in eine kleine Schüssel geben und gut durchmischen. Wer mag, kann dem Ganzen auch Zucker beifügen. In einem luftdichten Gefäß hält sich die Mischung ein paar Monate.

Kräutersalz

In Griechenland haben wir oft frische Kräuter gefunden, diese getrocknet und dann zu einem Kräutersalz verarbeitet. Das ist eine wunderbare Möglichkeit, die letzten Balkonkräuter vor dem Winter zu verarbeiten. Aber auch als Geschenkidee ist es perfekt.

FÜR 1 GLAS À 250 ML

10 Zweige Thymian
5 Zweige Rosmarin
3 EL Olivenöl
200 g grobes Salz
½ Zitrone, Abrieb

Den Thymian und den Rosmarin fein hacken. Beides in einer Pfanne im Olivenöl anbraten, dann das Salz dazugeben. Nach 2 Minuten die Zitronenschale dazugeben und den Herd ausschalten. Das Salz in ein Glas abfüllen.

Rote Currypaste

Eine gute Currypaste ohne Fischsauce zu finden, ist gar nicht so einfach. Deswegen stelle ich meine Currypaste gerne selbst her und friere sie ein. So habe ich sie immer griffbereit.

FÜR 1 GLAS À 200 ML

12 Peperoncini, getrocknet
4 rote Zwiebeln
8 Knoblauchzehen
1 ½ EL frischer Ingwer, gehackt
2 Stängel Zitronengras
1 TL Kreuzkümmelsamen
½ TL Zimt
¼ TL Nelkenpulver
3 EL Sesamöl (oder Kokosöl)

Die Peperoncini mit kochendem Wasser übergießen und einweichen lassen. Nach 15 Minuten aufschneiden und entkernen. Die Zwiebeln und den Knoblauch hacken und mit den übrigen Zutaten unter ständigem Rühren in einer Bratpfanne im Sesam- oder Kokosöl anrösten. Den Pfanneninhalt zu den Peperoncini geben und so lange pürieren, bis auch das Zitronengras fein zerkleinert ist. Die Paste in ein sauberes Glas abfüllen, mit etwas Öl bedecken und im Kühlschrank lagern. Gekühlt hält die Paste so etwa vier Wochen. Ich friere sie aber auch gerne portionenweise ein. Das funktioniert am besten in einer Eiswürfelform.

LEONELLI'S BEACH
SOLARIUM

SIAMO APERTI
Sei il benvenuto
Uber
Eats
La Pinsa Romana

Sommer-Focaccia

Kein Sommer ohne Focaccia. Früher fuhr meine Familie jeden Juli nach Italien in die Toskana. Bei jeder Gelegenheit gab es damals Focaccia. Manchmal selbst gemacht, manchmal gekauft. So oder so – dieses Rezept kann mit allen Varianten alleweil mithalten. Am besten schmeckt das luftig-leichte Brot noch lauwarm. Essenziell für ein tolles Rezept ist ein richtig gutes Bio-Olivenöl.

Für kreative Köpfe

Statt die Datteltomaten und Oliven wahllos auf der Focaccia zu verteilen, kann natürlich auch ein richtig schönes Muster oder gar eine Blumenwiese gelegt werden. Für Letztere eignen sich verschiedenfarbige Paprika oder auch frische Kräuter. Der Kreativität sind hier keine Grenzen gesetzt. Wer lieber geschmacklich als optisch punkten möchte, kann direkt nach dem Backen ein bisschen Trüffel-Olivenöl über die Focaccia träufeln. Himmlisch!

FÜR 1 BLECH

320 g helles Dinkelmehl
1 ½ TL Zucker
1 TL Salz
½ Würfel Frischhefe (21 g)
160 ml Wasser, lauwarm
Olivenöl
½ rote Zwiebel
1 Handvoll Oliven
1 Handvoll Datteltomaten
3 Zweige Thymian
2 Prisen Meersalz
Fett für das Blech

Das Mehl mit dem Zucker und dem Salz in einer Schüssel mischen. Die Hefe im lauwarmen Wasser auflösen und zusammen mit 4 Esslöffeln Olivenöl mit in die Schüssel geben. Alles mit den Händen zu einem glatten Teig verkneten und diesen mindestens 30 Minuten mit einem feuchten Tuch zugedeckt an der Wärme gehen lassen. Den Teig anschließend direkt auf dem eingefetteten Backblech (mit Backpapier ausgelegt) flach drücken, sodass er 2–3 cm hoch ist. Weitere 15 Minuten ruhen lassen.

In der Zwischenzeit die Zwiebel in Ringe schneiden, die Oliven entsteinen, die Tomaten halbieren und den Thymian zupfen. Den Teig mit Olivenöl bestreichen und die Toppings auf der Focaccia verteilen. Mit etwas Meersalz bestreuen und im vorgeheizten Ofen bei 220 Grad Ober-/Unterhitze etwa 25 Minuten backen. Für die Zubereitung im Omnia die Focaccia auf großer Flamme im eingefetteten Silikonring etwa 30 Minuten backen.

Pfannengranola mit Zitrone und Tahini

Granola gibt es inzwischen zwar in jedem Supermarkt zu kaufen, aber keines schmeckt so gut wie ein selbst gemachtes Knuspermüsli. Gesünder ist es obendrein. Das Schöne an diesem Rezept: Der Backofen bleibt aus.

FÜR 1 GROSSES SCHRAUBGLAS À 500 ML

300 g Nüsse nach Wahl (Haselnüsse, Walnüsse, Mandeln)
150 g Feigen, getrocknet
4 EL Rapsöl
350 g feine Haferflocken
2 EL weißes Tahini
1 Zitrone, Abrieb
7 EL Birnendicksaft (oder andere flüssige Süße)
1 Prise Salz

Eine schöne Geschenkidee

Ein Extraglas Granola im Vorratsregal oder Küchenschrank ist nie verkehrt. Tatsächlich kommt es immer mal wieder vor, dass ich unterwegs einem Menschen eine kleine Freude machen möchte. Und so ein hübsches Glas mit selbst gemachtem Granola hat noch jedes Augenpaar zum Leuchten gebracht. Vielleicht auch eine schöne Idee für Geburts- und Festtage.

Die Nüsse und die Feigen hacken und in einer Pfanne im Rapsöl anrösten. Die restlichen Zutaten nach und nach dazugeben und in der Pfanne unter stetigem Umrühren backen, bis das Granola goldbraun ist. Gut auskühlen lassen und erst danach in ein luftdichtes Glas abfüllen. Das knusprige Müsli schmeckt toll zu frischen Früchten mit pflanzlichem Joghurt oder Hafermilch. Es bleibt gut zwei Wochen frisch.

Knuspriges Schoko-Granola

Dieses Rezept widme ich Chris. Ich nenne ihn liebevoll auch Schoko-Tiger, weil er alles, was irgendwie schokoladig ist, im Nu verputzt. Vielleicht backt ihr also, wenn ihr diese Liebe für Schokolade teilt, besser direkt die doppelte Menge. Das Suchtpotenzial ist hier nämlich groß.

FÜR 1 GROSSES SCHRAUBGLAS À 500 ML

150 g Cashewkerne, gehackt
150 g grobe Haferflocken
15 g Hirse, gepufft (oder Quinoa)
25 ml Rapsöl
40 ml Reissirup
1 Prise Salz
4 EL Kakaopulver
1 TL Zimt
45 g Korinthen, getrocknet (oder Rosinen)
20 g Kakaonibs
20 g Hanfsamen

Die Cashewkerne hacken und in einer Pfanne ohne Öl anrösten. Alle restlichen Zutaten bis auf die Korinthen, die Kakaonibs und die Hanfsamen dazugeben und unter stetigem Wenden auf niedriger Hitze knusprig backen. Nach ungefähr 12 Minuten das Granola vom Herd nehmen und die restlichen Zutaten einstreuen. Das knusprige Müsli in der Pfanne auskühlen lassen und anschließend in das Glas abfüllen. Das Granola ist so gut drei Wochen haltbar.

Schnelles Nuss-Granola

Dieses knusprige Müsli ist innerhalb von 10 Minuten zubereitet und taucht die ganze Küche in einen süßlichen Duft aus Zimt und Orange. Am besten schmeckt das Granola mit Pflanzenmilch oder im Sojajoghurt.

FÜR 1 GROSSES GLAS À 500 ML

100 g Haselnüsse
80 g Pistazien, geschält
250 g Haferflocken
10 EL Rapsöl
6 EL Reissirup
1 TL Zimt
1 Prise Salz
½ Orange, Abrieb

Die Nüsse und die Pistazien hacken und in einer beschichteten Pfanne anrösten. Die restlichen Zutaten hinzugeben und das Granola unter stetigem Umrühren karamellisieren lassen. Den Herd nach 10 Minuten ausschalten und das Müsli in der Pfanne auskühlen lassen. In ein Glas abfüllen und luftdicht verpackt lagern. Das Granola bleibt so zwei Wochen frisch.

FRÜHSTÜCK

Ich gehöre zu der Sorte Mensch, die jeden Tag dasselbe frühstücken kann. Und wenn ich ganz ehrlich bin, ist das ganz oft auch der Fall. Am liebsten starte ich tatsächlich mit einer warmen Mahlzeit den Tag. In meinem Fall ist das oft Porridge. Das ist auch der Grund, weshalb es in diesem Kapitel gleich drei verschiedene Rezepte dafür gibt.

Am Wochenende bin ich aber auch ein großer Fan von einem ausgedehnten Brunch. Da werden neben cremigen Smoothie-Bowls und fluffigen Pancakes auch herzhafte Speisen wie eine Shakshuka-Pfanne oder vegane Eierbrote aufgetischt.

Blaubeer-Mohn-Pfannkuchen

Sommer in Schweden ist Blaubeer-Zeit. Bei jedem Spaziergang und jeder Wanderung konnten wir die wilden Beeren pflücken. Sie strotzen nur so vor Vitaminen und Antioxidantien und sind viel aromatischer als die Blaubeeren, die es im Supermarkt zu kaufen gibt. Auch hierzulande können sie gepflückt werden. Besonders lecker schmecken sie in Pfannkuchen.

FÜR 2 PORTIONEN

Für das Leinsamen-Ei
1 TL Leinsamen

Für die Pfannkuchen
1 Leinsamen-Ei (siehe oben)
200 g helles Dinkelmehl
2 TL Backpulver
1 Prise Salz
1 EL Mohn
½ Zitrone, Abrieb
2 EL Zucker
300 ml Hafermilch
1 Handvoll Blaubeeren
4 EL Rapsöl

Beeren im Sommer einfrieren
Tatsächlich macht es Sinn, Beeren in der Hochsaison zu sammeln und sie luftdicht in einer Frischhaltebox für die kältere Jahreszeit einzufrieren. Dabei verlieren sie weder groß an Vitaminen noch an Geschmack.

Für das Leinsamen-Ei 1 Teelöffel Leinsamen schroten und mit 4 Esslöffeln Wasser verrühren. Das Ganze 10 Minuten quellen lassen.

Für den Teig alle trockenen Zutaten mit dem Leinsamen-Ei und der Hafermilch vermengen. Die Beeren erst zum Schluss unterheben. In einer Pfanne das Rapsöl erhitzen und darin die Pfannkuchen beidseitig ausbacken. Nach 30 Sekunden wenden. Die Pfannkuchen mit Granola, zusätzlichen Beeren, etwas Apfeldicksaft oder einem anderem Süßungsmittel servieren.

Tiramisu-Smoothie-Bowl

Meine Liebe für Tiramisu ist so groß, dass ich die Nachspeise auch schon morgens essen könnte. Hier kommt darum die gesündere Variante fürs Frühstück. Garantiert mindestens genauso lecker!

FÜR 2 PORTIONEN

Für den Smoothie
1 ½ Bananen
4 Datteln, entsteint
400 g Seidentofu
1 ½ EL Kakaopulver
10 Kaffeebohnen, ganz
1 Prise Salz

Für die Creme
150 g Sojajoghurt natur
¼ Zitrone, Abrieb
1 ½ TL Zucker

Schoko-Granola (Rezept Seite 57)
zur Dekoration

Alle Zutaten bis einschließlich Salz im Standmixer zu einem Smoothie mixen und auf zwei Schüsseln verteilen. In einer separaten Schüssel den Sojajoghurt mit der Zitronenschale und dem Zucker verrühren und die helle Creme auf dem Smoothie verteilen. Mit Schoko-Granola servieren.

Shakshuka-Pfanne

Shakshuka ist eine Spezialität der nordafrikanischen und israelischen Küche und wird im Original mit pochierten Eiern, Tomaten und Zwiebeln zubereitet. Dieses Gericht schmeckt uns zu jeder Tageszeit. Wir essen es zum Beispiel sehr gerne am Wochenende zum Brunch. Es strotzt nur so vor guten Eiweißen und ist richtig lecker-würzig im Geschmack.

FÜR 2–3 PORTIONEN

1 Zwiebel
3 Knoblauchzehen
2 EL Olivenöl
2 rote Paprika
250 g Tofu
400 g Datteltomaten
1 TL Balsamicocreme
1 TL Paprikapulver, geräuchert
1 TL Korianderpulver
½ TL Kümmelpulver
1 TL Sesam
½ TL Zimt
300 ml passierte Tomaten
Salz und Pfeffer

250 g weiße Bohnen, gekocht
1 EL weißes Tahini
½ Zitrone, Saft
½ TL Salz
½ TL Knoblauchpulver

Die Zwiebel und den Knoblauch hacken und in einer Pfanne im Olivenöl andünsten. Die Paprika entkernen und in feine, längliche Streifen schneiden. Den Tofu ausdrücken und würfeln. Beides mit in die Pfanne geben und anrösten. Die Datteltomaten halbieren und dazugeben. Mit der Balsamicocreme und allen Gewürzen würzen. Die passierten Tomaten hineingeben, gut umrühren, die Hitze reduzieren und alles einkochen lassen. Mit Salz und Pfeffer abschmecken.

Die weißen Bohnen im Standmixer oder mithilfe des Pürierstabs zusammen mit den übrigen Zutaten zu einer cremigen Masse mixen und ein paar Kleckse davon auf der blubbernden Pfanne verteilen. Ein paar Minuten köcheln lassen, ohne umzurühren, dann das Gericht in der Pfanne heiß servieren. Dazu passt Fladenbrot oder herkömmliches Brot.

Gewürz-Porridge

Nach einer kühlen Nacht im Van ist ein Porridge am Morgen für mich wie eine Umarmung. Die wärmenden Gewürze tun dem Bauch besonders gut. Sowieso ist heißer Haferbrei ungefähr das Gesündeste, was ihr morgens essen könnt.

FÜR 2 PORTIONEN

2 reife Bananen
120 g Haferflocken nach Wahl
½ TL Zimt
½ TL Kürbiskuchen-Gewürz (Seite 47)
1 Prise Salz
350 ml Hafermilch
Wasser bei Bedarf

Granola selbst zubereiten

Knuspermüsli gibt es zwar inzwischen überall zu kaufen, aber viel besser und auch nährwerttechnisch sinnvoller ist es, es einfach selbst zu backen. In diesem Buch findet ihr darum gleich drei Rezepte dazu (Seite 54, 57 und 58). Da ist für jeden Geschmack etwas dabei.

Die Bananen mit einer Gabel zerdrücken und zusammen mit allen trockenen Zutaten in einen Topf geben. Die Hälfte der Hafermilch beifügen und den Porridge auf mittlerer Stufe kochen. Dabei stetig umrühren. Nach und nach die restliche Hafermilch dazugeben und mit etwas Wasser aufgießen, sollte das Ganze zu dickflüssig werden. Den Porridge mit frischen Früchten, Nussmus und Granola warm genießen.

Müsli mit Zwetschgenkompott

Dieses Rezept ist für alle, die keinen Porridge mögen, aber dennoch mehr Haferflocken in ihren Speiseplan integrieren wollen. Gerade die Kombination aus kaltem Müsli und warmem Kompott macht dieses Frühstück so lecker.

FÜR 2 PORTIONEN

Für das Müsli
100 g Haferflocken
100 ml Wasser, lauwarm
300 g Sojajoghurt
1 TL Flohsamenschalen
2 TL Apfeldicksaft
1 TL Zimt
2 Prisen Kardamompulver

Für die Zwetschgen
8 Zwetschgen
1 TL Rapsöl
1 TL Apfeldicksaft
½ TL Zimt

Die Haferflocken mit dem Standmixer zu Mehl verarbeiten und mit den restlichen Zutaten für das Müsli in einer Schüssel zu einem Brei verrühren. In zwei Schüsseln abfüllen.

Die Zwetschgen entsteinen, vierteln und in einem Topf im erhitzten Öl zusammen mit dem Apfeldicksaft und dem Zimt anrösten, bis sie weich und leicht braun sind. Die Zwetschgen über das Müsli geben und lauwarm genießen. Dazu passen Granola und Nussmus.

Eiersalat-Brote

Vor allem am Wochenende lieben wir nichts mehr als eine schöne morgendliche Laufrunde mit anschließendem Brunch. Dann darf es auch sehr gerne herzhaft sein. Diese Brote sind im Nu gemacht, schmecken total lecker und sind die perfekte Stärkung nach einem schweißtreibenden Workout.

FÜR 4 BROTE

150 g Tofu natur
150 g Seidentofu
1 Handvoll frischer Schnittlauch
2 TL pflanzliche Mayonnaise
1 TL Senf
¼ Zitrone, Saft
½ TL Kurkumapulver
1 TL Hefeflocken
¼ TL Kala Namak
¼ TL Salz

4 Scheiben Brot nach Wahl
Sonnenblumenkerne, geröstet
Pfeffer

Den Tofu mit sauberen Händen zwischen den Fingern zerkrümeln und in eine Schüssel geben. Den Seidentofu dazugeben. Anschließend den Schnittlauch fein hacken und mit allen übrigen Zutaten unterheben. Das Gemisch mit einer Gabel gut verrühren, bis eine Konsistenz wie bei einem echten Eiersalat entsteht. Die Masse auf die Brotscheiben verteilen und garniert mit einigen gerösteten Sonnenblumenkernen und frisch gemahlenem Pfeffer servieren.

Seidentofu ersetzen

Seidentofu ist nicht immer und überall zu finden. Der Eiersalat wird auch richtig gut, wenn stattdessen mehr normaler Tofu verwendet wird. Gebt dann einfach einen Schuss Pflanzenmilch dazu, bis die gewünschte Konsistenz erreicht ist.

Maroni-Smoothie mit Salzkaramell-Sauce

Wir sind uns einig, dass die Maroni-Saison viel zu kurz ist, oder? Ich für meinen Teil könnte mich in alles, was mit Maroni zu tun hat, einfach nur reinlegen – direkt schon morgens.

FÜR 2 PORTIONEN

Für den Smoothie
2 Bananen, gefroren
200 g Maroni (Maronen), geschält und gekocht
400 g Seidentofu
½ TL Zimt
½ cm frischer Ingwer
1 Prise Kardamompulver

Für die Sauce
6 weiche Datteln, entsteint
1 Schuss Hafermilch
2 TL helles Mandelmus
¼ TL Kakaopulver
2 Prisen Salz

Granola zum Dekorieren

Für den Smoothie alle Zutaten im Standmixer zu einem cremigen Smoothie mixen und die Masse auf zwei Schüsseln verteilen. Im selben Mixer die Datteln mit Hafermilch, Mandelmus, Kakaopulver und Salz pürieren. Die Karamellsauce über den Smoothie verteilen. Mit Granola servieren.

Bratapfel-Porridge

Dass ich Porridge liebe, ist kein Geheimnis. Dieses Rezept aber ist mit Abstand mein allerliebstes. So zubereitet könnte ich Porridge jeden Tag essen. Zumindest dann, wenn die Nacht einigermaßen kühl war.

FÜR 2 PORTIONEN

Für den Porridge
120 g Haferflocken nach Wahl
350 ml Hafermilch
1 ½ EL Apfeldicksaft (oder andere flüssige Süße)
½ TL Zimt
1 Prise Salz

Für den Bratapfel
2 kleine säuerliche Äpfel
1 EL Rapsöl
3 EL Apfelmus
1 Handvoll Rosinen
1 TL Zimt
2 TL Apfeldicksaft (oder andere flüssige Süße)

In einem Topf die Haferflocken mit den restlichen Zutaten für den Porridge auf mittlerer Hitze und unter ständigem Rühren aufkochen. Dann den Herd ausschalten und den Deckel auflegen. Den Porridge ziehen lassen.

In der Zwischenzeit die Äpfel entkernen, klein würfeln und in einem zweiten Topf mit den restlichen Zutaten für den Bratapfel anbraten, bis sie weich werden.

Den Porridge nochmals kurz erhitzen, bis die gewünschte Konsistenz erreicht ist, und in zwei Schüsseln geben. Den Bratapfel über den Porridge verteilen und heiß servieren. Mit Maulbeeren (oder anderen getrockneten Beeren), Nussmus oder anderen Toppings nach Wahl genießen.

Warum Porridge so gesund ist

Eingekochte Haferflocken haben einen positiven Einfluss auf unsere Darmflora und versorgen uns obendrein mit wichtigen B-Vitaminen, Magnesium, Kalzium und Eisen. Außerdem halten sie lange satt, weil sie reich an Ballaststoffen sind.

Blaubeer-Smoothie-Bowl

Für den kleinen Hunger zwischendurch oder für all jene, die nicht gerne üppig frühstücken, ist diese Smoothie-Bowl genau das Richtige. Sie kommt mit wenigen Zutaten aus. Diese können in ihrer jeweiligen Saison gut auch für die Wintermonate eingefroren werden.

FÜR 2 KLEINE PORTIONEN

300 g Blaubeeren, tiefgekühlt
200 g Sojajoghurt
1 Handvoll frischer Spinat
2 ½ EL Apfeldicksaft
½ Zitrone, Saft und Abrieb
1 Prise Zimt

Alle Zutaten im Standmixer mixen und anschließend mit Granola, Früchten, Hanfsamen und Nussmus servieren.

Seidentofu statt Sojajoghurt

Statt Sojajoghurt kann auch Seidentofu verwendet werden. Dadurch wird das Ergebnis noch luftiger und geht sogar als gesunde Nachspeise durch.

Sommer-Birchermüsli

Für ein bisschen Heimat unterwegs essen wir morgens ab und an ganz gerne ein Birchermüsli. Diese Variante hier ist einer meiner Lieblinge. Die zitronige Note macht das Ganze besonders frisch und sommerlich.

FÜR 2 PORTIONEN

400 g Sojajoghurt
80 g Haferflocken
1 Apfel, entkernt und geraspelt
30 g Walnüsse, gehackt
½ Zitrone, Abrieb und Saft
4 TL Leinsamen, geschrotet
3 TL Hanfsamen
3 TL Apfeldicksaft (oder andere Süße)
3 TL Mandelmus
30 g Rosinen
½ TL Zimt
2 TL Nussbutter nach Wahl

Für den Extrakick an Vitaminen

Wer sich schwertut, über den Tag verteilt genügend Gemüse zu essen, kann zusätzlich eine kleine Zucchini mit ins Müsli raspeln. Der Geschmack verändert sich dabei nicht.

Alle Zutaten bis auf die Nussbutter in einer Schüssel verrühren und 20 Minuten quellen lassen. Mit der Nussbutter, Granola und frischen Früchten genießen.

Chai-Karotten-Porridge

Karotten im Frühstück? Aber ja! Dieser Porridge schmeckt wie ein leckerer Kuchenteig und erinnert mich ein wenig an Weihnachten.

FÜR 2 PORTIONEN

2 Karotten
½ cm frischer Ingwer
100 g Haferflocken
1 TL Zimt
2 Prisen Kardamompulver
1 Prise Nelkenpulver
30 g Rosinen
2 TL Apfeldicksaft
1 Apfel, entkernt und geraspelt
120 ml Wasser
400 ml Hafermilch
2 TL Leinsamen
1 Prise Salz

Die Karotten und den Ingwer fein reiben. Alles zusammen mit den restlichen trockenen Zutaten, dem Apfeldicksaft und dem Apfel in einen Topf geben. Die Hälfte des Wassers und der Hafermilch dazugeben und den Herd auf mittlerer Stufe einschalten. Unter stetigem Rühren die Haferflocken einkochen und immer wieder Wasser und Milch nachgeben, bis ein cremiger Porridge entsteht. Dann den Herd ausschalten und das Ganze bei geschlossenem Deckel weitere 5 Minuten ziehen lassen. So können sich die Gewürze ideal entfalten.

Den Porridge auf zwei Schüsseln aufteilen und mit gehackten Pistazien, Nussmus und etwas Sojajoghurt warm genießen.

French Toasts mit Pfirsich

Dieses Rezept ist aus einer Not heraus entstanden. Wir standen mitten in der Pampa und hatten nicht mehr viel Essbares da, dafür aber großen Hunger. Das Gericht mit ins Kochbuch zu nehmen, war gar nicht der Plan, aber das Ganze war so lecker, dass wir French Toasts seither oft zum Frühstück essen. Vor allem, wenn das Brot mal wieder zu trocken wird.

Für alle, die lieber herzhaft frühstücken

French Toasts – oder Arme Ritter – sind zwar bekannt als Süßspeise, können aber genauso gut herzhaft zubereitet werden. Statt Banane verrühre ich für die Panade Soja- oder Kichererbsenmehl mit etwas Wasser, Öl, Salz und Gewürzen und fülle die Toasts dann ganz nach Lust und Laune.

FÜR 2 PORTIONEN

5–6 Scheiben altbackenes Brot
1 Banane
180 ml Pflanzenmilch
1 TL Ahornsirup
1 Prise Zimt
1 Prise Salz
2 Pfirsiche, geviertelt
3 EL Rapsöl

Die Brotscheiben bereitlegen. Alle restlichen Zutaten bis auf die Pfirsiche und das Öl im Standmixer oder mit dem Pürierstab zu einer homogenen Masse verrühren. Die Brotscheiben anschließend darin einlegen, bis sie sich mit der Masse vollgesogen haben. In einer Bratpfanne mit Öl jede Scheibe Brot von beiden Seiten zu goldbraunen French Toasts ausbacken. Die Toasts beiseitelegen und in derselben Pfanne die Pfirsiche kurz anbraten, bis sie duften.

Aus allen Toasts einen Turm bilden, die Pfirsiche darübergeben und das Frühstück mit etwas Dattelsirup und Granola genießen.

HERZHAFTES UNTER 30 MINUTEN

Dieses Kapitel widme ich allen, die zwar gerne gut essen, aber oft keine Zeit finden, um lange in der Küche zu stehen. Ich verspreche euch: Alle diese Rezepte stehen in höchstens 30 Minuten dampfend vor euch auf dem Tisch. Gesunde und leckere Küche muss nämlich weder zeitaufwendig noch kompliziert sein.

Das schnelle Erdnuss-Curry ist bei uns übrigens der Renner. Wir kochen es mindestens einmal in der Woche, weil es so gut schmeckt und gleichzeitig so schnell gemacht ist. Auch sehr zu empfehlen ist das Pastagericht Cacio e Pepe – ein richtiges Wohlfühlgericht nach einem anstrengenden und langen Tag.

Wassermelonen-Gurken-Salat

Wassermelonen gab es in Griechenland an jeder Ecke zu kaufen. Zugegeben: Die meisten Früchte wurden einfach pur gegessen. Aber ganz oft haben wir auch diesen erfrischenden Salat hier geschnippelt. Besonders toll für heiße Sommertage, an denen nicht an Kochen zu denken ist.

FÜR 2 PORTIONEN

Für den Salat
½ Mini-Wassermelone
1 Gurke
1 Tomate
1 rote Zwiebel
3 Zweige Dill

Für die Sauce
1 cm frischer Ingwer
1 Knoblauchzehe
1 EL Erdnussmus
3 EL Sojasauce
3 EL dunkler Balsamicoessig
1 TL Birnendicksaft (oder andere Süße)
½ Zitrone, Saft
Pfeffer
schwarzer Sesam zum Bestreuen

Die Wassermelone schälen und würfeln. Die Gurke und die Tomate in mundgerechte Stücke, die Zwiebel in feine Streifen schneiden. Den Dill zupfen und alles in eine Schüssel geben.

Für die Sauce alle Zutaten bis auf den Pfeffer und den Sesam im Mixer oder mit dem Pürierstab gleichmäßig verrühren. Die Sauce über den Salat geben und alles gut mischen. Mit frisch gemahlenem Pfeffer und schwarzem Sesam garnieren und genießen. Nach Belieben kann pflanzlicher Feta zerbröselt und ebenfalls untergehoben werden. Als optischen Hingucker außerdem ein paar Streifen Gurke mit dem Sparschäler abschälen und zu Röllchen aufrollen.

Für den besonderen Schmaus

Unglaublich gut passt zu diesem erfrischenden Salat selbst eingelegter pflanzlicher Feta. Das verleiht dem Rezept definitiv das gewisse Etwas. Das Rezept gibt es auf Seite 43.

Schnelles Erdnuss-Curry mit Tofu

Wie der Name schon verrät, steht dieses Gericht innerhalb von ganz kurzer Zeit dampfend vor euch. Ideal für alle, die Curry lieben, ungerne viel Zeit in der Küche verbringen und dennoch gerne gesund, ausgewogen und lecker essen.

FÜR 2 PORTIONEN

1 Tasse Basmatireis
2 Tassen Wasser
2 Knoblauchzehen
1 rote Zwiebel
2 EL Rapsöl
150 g Tofu
2 EL Sojasauce
1 Aubergine, klein geschnitten
1 rote Paprika, klein geschnitten
½ Brokkoli, klein geschnitten

Für die Sauce
1 TL Paprikapulver, geräuchert
¼ TL Chilipulver
250 ml Hafer- oder Sojasahne
1 EL Erdnussbutter
1 ½ cm frischer Ingwer
2 TL Birnendicksaft (oder andere Süße)
2 EL Sojasauce

Den Reis nach Packungsanweisung im Wasser gar kochen. Den Knoblauch und die Zwiebel hacken und in einer großen Bratpfanne im Rapsöl anrösten. Den Tofu in mundgerechte Stücke schneiden und ebenfalls anbraten. Sobald er goldbraun ist, mit der Sojasauce ablöschen und das restliche Gemüse hinzufügen. Weitere 10 Minuten unter stetigem Umrühren in der Pfanne anbraten.

Im Standmixer oder mit dem Pürierstab die Zutaten für die Sauce mixen und zum Gemüse geben. Die Hitze reduzieren und alles 5 Minuten einköcheln lassen, bis die Sauce eindickt.

Den gegarten Reis in eine Tasse geben und festdrücken, auf einen Teller stürzen und mit dem Curry servieren. Als Toppings eignen sich frisch gehackte Kräuter wie Minze, Petersilie oder Koriander sowie gehackte Erdnüsse. Nach Wunsch mit einem Spritzer Zitronensaft abschmecken.

Tofu lecker marinieren

Wer Tofu langweilig findet, hat oft noch keine gute Marinade für ihn gefunden. Tatsächlich ist Tofu an sich eher geschmacksneutral, wird aber durch die richtige Würze zu einer echt schmackhaften Eiweißquelle. Wer also dran denkt, den Tofu schon am Vorabend zu marinieren, wird mit diesem Curry umso glücklicher werden. Meine vier liebsten Tofu-Marinaden gibt es auf Seite 214.

Cacio e Pepe

Dieses Pastagericht stammt aus Rom, und dort habe ich es auch zum ersten Mal gegessen. Traditionell wird die Sauce mit ganz viel Käse und Sahne zubereitet. In meiner Variante sorgen weiße Bohnen und Hefeflocken für Cremigkeit und Würze.

FÜR 2 PORTIONEN

300 g Pasta nach Wahl
300 g Fagioli (weiße Bohnen), gekocht
20 g Cashewmus
2 EL Olivenöl
40 ml Sojasahne
4 EL Hefeflocken
1 TL Knoblauchpulver
Salz und Pfeffer

Die Pasta nach Packungsanweisung kochen. Die restlichen Zutaten im Standmixer oder mit dem Pürierstab zu einer cremigen Sauce mixen. Die Pasta al dente abgießen, dabei etwas Kochwasser auffangen. Die Sauce unter die Pasta heben, bei Bedarf mit dem aufgefangenen Kochwasser verrühren, und das Gericht sofort servieren.

Als Topping passt hausgemachter Kernmesan für eine extra käsige Note (Seite 47).

Poke-Bowl mit Knuspertofu und Erdnusssauce

Ich liebe Gerichte, die immer wieder neu erfunden und abgewandelt werden können. Deswegen bin ich ein großer Fan der Poke-Bowl. Ursprünglich kommt diese aus Hawaii und wird traditionell mit rohem Fisch, Gemüse, Reis und Dressing serviert. In meiner Variante ersetze ich den Fisch durch Tofu.

Für große Auftritte im Büro

Da Poke-Bowls kalt vorzüglich schmecken, kann dieses Gericht perfekt am Vorabend zubereitet und am nächsten Tag mit ins Büro genommen werden. Eine tolle Mahlzeit, bei der das Auge definitiv mitisst.

FÜR 2 PORTIONEN

250 g Tofu

1 Zitrone, Saft
2 EL Erdnussmus
2 EL Sesamöl
1 fingerdickes Stück frischer Ingwer
1 TL Apfeldicksaft (oder andere Süße)
5 EL Tamarisauce (oder Sojasauce)
50 ml Kokosmilch
1 Knoblauchzehe

1 Tasse Jasmin- oder Langkornreis
2 Tassen Wasser
1 Gurke
1 Karotte
1 Handvoll Datteltomaten
frische Minze, gehackt
Sesam, geröstet

Den Tofu in mundgerechte Stücke schneiden. Im Standmixer oder mit dem Pürierstab Zitronensaft, Erdnussmus, Sesamöl, Ingwer, Apfeldicksaft, Tamarisauce, Kokosmilch und Knoblauch zu einer Sauce vermengen. Den Tofu mit 5 Esslöffeln Sauce in einer Schüssel marinieren und ziehen lassen. Den restlichen Dip beiseitestellen.

Den Reis nach Packungsanweisung im Wasser gar kochen. In der Zwischenzeit den Tofu in einer beschichteten Pfanne von allen Seiten gut anbraten, bis er goldbraun ist. Die Gurke und die Karotte mit dem Sparschäler längs zu feinen Streifen formen. Die Datteltomaten halbieren.

Alles zusammen in einer Bowl mit etwas frisch gehackter Minze und geröstetem Sesam servieren. Der Reis sieht am schönsten aus, wenn er in ein Schälchen gepresst auf den Teller gegeben wird. Das klappt auch mit einer Tasse gut. Die Poke-Bowl wird lauwarm bis kalt gegessen. Die Erdnusssauce kurz vor dem Servieren über das Gericht träufeln.

Spaghetti mit Pesto, Süßkartoffel und Sellerie

Diesen dampfenden Teller Pasta genossen wir nach einer langen und harten Wanderung in den norwegischen Bergen. Zugegeben: Die Kombination aus Süßkartoffel, Sellerie und Birne klingt mutig, ist aber wirklich unglaublich lecker.

FÜR 2 PORTIONEN

3 Knoblauchzehen
2 Zwiebeln
2 EL Olivenöl
1 große Süßkartoffel, gewürfelt
½ Knolle Sellerie, gewürfelt
1 Birne, gewürfelt
6 Blätter Salbei, gehackt
1 TL getrocknete italienische Kräuter
½ TL Salz
1 Spritzer Weißwein
50 ml Wasser
200 ml Hafersahne
3 TL grünes Pesto
250 g Vollkornspaghetti
1 Handvoll Sonnenblumenkerne
frische Petersilie oder frischer Koriander
½ Zitrone, Saft und Abrieb

Den Knoblauch und die Zwiebeln hacken und in einer Bratpfanne im Öl andünsten. Danach das fein gewürfelte Gemüse dazugeben und anbraten. Nach 5 Minuten Birne, Salbei, Kräuter und Salz beifügen. Mit dem Weißwein ablöschen, dann mit dem Wasser aufgießen. Alles köcheln lassen, bis das Gemüse weich wird. Die Hafersahne und 2 Teelöffel Pesto untermischen. Die Hitze reduzieren.

In der Zwischenzeit die Vollkornspaghetti nach Packungsanweisung garen, dann abgießen und abtropfen lassen. Die Pasta zusammen mit der Sauce in großen Tellern anrichten, das restliche Pesto über das Gericht träufeln und den Teller mit Sonnenblumenkernen und ein paar frischen Kräutern garnieren. Zum Schluss den Saft und den Abrieb der Zitrone über die Spaghetti geben. Heiß genießen.

Je nach Saison variieren

Statt Süßkartoffel, die ja oft nur eine kurze Zeit saisonal zu bekommen ist, können für dieses Gericht auch Kürbis oder Karotten verwendet werden.

Brokkoli-Kichererbsen-Salat

Brokkoli ist mit Abstand mein liebstes Gemüse. Und das nicht nur gekocht, sondern auch roh im Salat. Ungekocht ist die mediterrane Kohlsorte sogar noch gesünder. Brokkoli enthält viel Vitamin C und wichtige Mineralstoffe.

FÜR 2 PORTIONEN

½ Gurke
1 Tomate
1 rote Zwiebel
1 Handvoll frische Minze
1 Handvoll frischer Koriander
6 Blätter Lattich (oder anderer Salat)
1 kleiner Brokkoli
5 Feigen, getrocknet
250 g Kichererbsen, gekocht

Für die Sauce
4 TL Olivenöl
1 Limette, Saft
1 TL Misopaste
1 ½ EL Sojasauce
2 TL flüssiges Süßungsmittel
2 TL Tahini
1 cm frischer Ingwer
1 Knoblauchzehe
1 Spritzer Wasser
1 Handvoll Erdnüsse, gehackt

Die Gurke und die Tomate in mundgerechte Stücke schneiden. Die Zwiebel und die frischen Kräuter hacken. Den Lattich, den Brokkoli und die getrockneten Feigen fein schneiden. Alles zusammen mit den gekochten Kichererbsen in eine Schüssel geben. Die Zutaten für die Sauce (bis auf die Erdnüsse) im Mixer oder mit dem Pürierstab mixen und über den Salat geben. Gut umrühren, kurz durchziehen lassen, mit den gehackten Erdnüssen bestreuen und frisch genießen.

Brokkoli essen, ohne Blähungen zu bekommen
Bekömmlicher als der Strunk sind tatsächlich die Röschen des Brokkoli. Wer eine empfindliche Verdauung hat, lässt den Strunk also lieber weg. Wegwerfen müsst ihr ihn aber nicht: Klein geschnippelt passt er in jede Pastapfanne oder kann auch gut für Suppen verwendet werden.

Schnelles Chili sin Carne

Bevor Chris und ich uns für das Leben im Van entschieden, waren wir mehrmals mit einem Camper im Urlaub gewesen. Vor allem während des ersten Schwedenurlaubs hatten wir damals dieses Rezept rauf und runter gegessen, weil uns so kalt war, dass uns jeden Abend nach einem schnellen Seelenwärmer zumute war.

FÜR 2 PORTIONEN

2 Knoblauchzehen
2 Zwiebeln
3 EL Olivenöl
150 g Sonnenblumenhack
1 TL Paprikapulver, geräuchert
½ TL Chilipulver
¼ TL Korianderpulver
¼ TL getrockneter Oregano
150 ml Gemüsebrühe
3 EL Tomatenmark
2 EL Balsamicocreme
400 g gestückelte Tomaten
250 g schwarze Bohnen
250 g Mais
Salz und Pfeffer
Petersilie, frisch gehackt
1 EL veganer Joghurt

Den Knoblauch und die Zwiebeln hacken und in einer Bratpfanne im Olivenöl anbraten. Das Sonnenblumenhack und die Gewürze dazugeben und unter ständigem Umrühren scharf anbraten. Mit der Gemüsebrühe ablöschen und sofort das Tomatenmark und die Balsamicocreme dazugeben. Kurz einköcheln lassen, danach die restlichen Zutaten (bis auf Salz und Pfeffer, Petersilie und Joghurt) ebenfalls dazugeben. Mit etwas Salz und Pfeffer abschmecken und das Chili bei niedriger Hitze weiterköcheln lassen. Je länger es auf dem Herd steht, desto besser schmeckt es. Das Gericht mit etwas frisch gehackter Petersilie und dem Joghurt servieren.

Gut dazu passen Tortilla-Chips, Jalapeños und Limettensaft.

Weitere pflanzliche Ideen für ein Chili

Statt Sonnenblumenhack können auch Sojaschnetzel oder Linsen mitgekocht werden. Wer mag, kann als Beilage zusätzlich Reis kochen.

Tahini-Zitronen-Nudeln

Es ist kein Geheimnis, dass ich Sesam und Zitrone liebe. Die Kombination funktioniert auch wunderbar bei Nudeln. Ein tolles Gericht, wenn es mal richtig schnell gehen soll.

FÜR 2 PORTIONEN

1 Knoblauchzehe
2 EL Sesamöl
1 kleine Aubergine
1 Spitzpaprika
250 g Buchweizennudeln
2 EL Tahini
1 Zitrone, Saft und Abrieb
80 ml Hafersahne
Salz und Pfeffer

Für den extranussigen Geschmack

Gerösteter Sesam eignet sich perfekt als Topping für dieses Gericht. Besonders schön sieht dabei die schwarze Variante aus. Das Auge isst ja bekanntlich mit.

Die Knoblauchzehe hacken und in einer Bratpfanne im Sesamöl goldbraun anbraten. Die Aubergine und die Spitzpaprika in längliche, mundgerechte Stücke schneiden, in die Pfanne geben und ebenfalls andünsten.

In der Zwischenzeit die Nudeln nach Packungsanweisung garen, dann abgießen und abtropfen lassen. Sobald das Gemüse goldbraun ist, die Nudeln mit in die Pfanne geben. Das Tahini sowie Zitronensaft und -abrieb unterheben. Die Hafersahne dazugeben und das Gericht mit Salz und Pfeffer abschmecken.

Kichererbsen-Melonen-Salat

Es gab Wochen in Griechenland, in denen es einfach zu heiß war, um überhaupt warm zu essen. Genau an solchen Tagen war dieser Salat ein absoluter Lebensretter. Die saftige Melone macht ihn schön fruchtig, und die Kichererbsen sorgen dafür, dass das Gericht länger satt hält.

FÜR 2 PORTIONEN

½ Melone (Honig oder Galia)
1 Fenchel
1 rote Zwiebel
250 g Kichererbsen, gekocht
2 Orangen
2 TL Senf
1 TL Apfeldicksaft (oder andere Süße)
4 EL weißer Balsamicoessig
2 EL Olivenöl
¼ TL Salz
etwas Pfeffer
1 Prise Chiliflocken

Für die weniger heißen Tage

Ganz besonders gut schmeckt der Salat, wenn der Fenchel nicht roh in den Salat wandert, sondern ein kurzes Bad in der heißen Pfanne mit etwas Olivenöl, Salz und Pfeffer genießen darf.

Die Melone in mundgerechte Stücke, den Fenchel in feine Streifen und die Zwiebel klein schneiden. Das Fenchelkraut für die Dekoration beiseitelegen. Die Melone, den Fenchel und die Zwiebel mit den Kichererbsen in eine Schüssel geben. Eine der Orangen filetieren und ebenfalls dazugeben. Die zweite Orange auspressen und den Saft mit den restlichen Zutaten zu einer Sauce anrühren und ebenfalls in die Schüssel geben. Alles gut vermischen, auf Tellern anrichten, mit dem Fenchelkraut garnieren und genießen.

Pesto-Bruschette mit Hummus

Es geht nichts über ein knusprig belegtes Brot mit sonnengereiften Tomaten. Bruschette sind ein echter Klassiker in der italienischen Küche. Mir persönlich schmecken sie aber noch besser in Kombination mit einem cremigen Zitronenhummus und der herben Note des Pistazienpestos. Klingt irre? Irre gut!

FÜR 5 BROTE

5 Scheiben helles Brot
3 EL Olivenöl
2 große Tomaten
1 rote Zwiebel
1 TL Balsamicocreme
¼ TL Salz
2 Prisen Zimt
¼ TL getrockneter Oregano
3 EL Zitronenhummus (Rezept Seite 210)
2 EL Pistazienpesto (Rezept Seite 210)
½ Handvoll frisches Basilikum
1 TL Sesam, geröstet
Pfeffer

Wenn das Brot hart geworden ist

Das Brot ist schon wieder hart geworden? Kein Problem. Gerade für Bruschette eignet sich ein nicht mehr ganz so frisches Brot viel besser. Dabei spielt es keine Rolle, ob helles oder dunkles Brot verarbeitet wird. Sogar Toastbrot schmeckt in dieser Kombination absolut himmlisch.

In einer Bratpfanne das Brot in 2 Esslöffeln Olivenöl goldbraun von beiden Seiten anrösten, dann beiseitestellen. Die Tomaten und die Zwiebel in kleine Würfel schneiden. Zuerst die Zwiebel in 1 Esslöffel Öl anbraten, nach 5 Minuten die Tomaten dazugeben. Balsamicocreme, Salz, Zimt und Oregano hinzufügen. Die Hitze reduzieren und alles weiter einkochen lassen.

In der Zwischenzeit die Brote mit dem Hummus bestreichen. Danach die Tomaten darauf verteilen und das Pesto über die Bruschette träufeln. Mit dem frischen Basilikum, dem Sesam und etwas frisch gemahlenem Pfeffer servieren.

Couscous-Pfanne mit Grillgemüse

Ich koche für mein Leben gerne. Aber natürlich gibt es auch Tage, an denen ich einfach schnell etwas zwischen die Zähne bekommen will. In die Kategorie »Einfach, aber lecker und gesund«, fällt diese Couscous-Pfanne.

FÜR 2 PORTIONEN

100 g Couscous
3 Knoblauchzehen, gehackt
1 Zwiebel, gehackt
2 EL Olivenöl
½ Stange Lauch
1 Paprika
1 Zucchini
1 Handvoll Datteltomaten
5 getrocknete Aprikosen
3 EL dunkler Balsamicoessig
1 TL Dattelsirup
1 TL Sambal Oelek
1 TL Paprikapulver, geräuchert
¼ TL Kümmelpulver
¼ TL Korianderpulver
1 Zitrone, Saft
Salz und Pfeffer
½ Bund Petersilie
Olivenöl zum Beträufeln
2 EL Sojajoghurt zum Servieren

Den Couscous nach Packungsanweisung in einem Topf mit Wasser garen. In einer beschichteten Pfanne den Knoblauch und die Zwiebel gut im Olivenöl anbraten. Das Gemüse klein schneiden, mit in die Pfanne geben und andünsten. Die Aprikosen ebenfalls klein schneiden und mit Balsamico, Dattelsirup, Sambal Oelek und allen Gewürzen zugeben. Den gekochten Couscous mit in die Pfanne geben und alles mit Zitronensaft, Salz und Pfeffer abschmecken.

Die Pfanne vom Herd nehmen, die Petersilie fein hacken und unter die Couscous-Pfanne heben. Olivenöl über das Gericht träufeln und alles lauwarm mit einem Klecks Sojajoghurt servieren.

Protein-Bratlinge

FÜR 10–12 BRATLINGE

1 Zucchini
1 Zwiebel
½ Bund Petersilie
230 g Kichererbsen, gekocht
2 Knoblauchzehen
1 TL Paprikapulver
½ TL Kümmelpulver
½ TL Korianderpulver
1 TL Salz
8 EL Sojamehl
2 EL Olivenöl
Olivenöl zum Braten

Für den Dip
8 EL Sojajoghurt
2 EL weißes Tahini
½ Zitrone, Saft
¼ TL Knoblauchpulver
½ TL Salz

Die Zucchini auf der Gemüsereibe raspeln und beiseitestellen. Die Zwiebel und die Petersilie hacken und mit den gekochten Kichererbsen in den Standmixer geben. Kurz mixen, sodass eine krümelige, nicht ganz homogene Masse entsteht. Die Mischung mit in die Schüssel zu den Zucchiniraspeln geben, dann die restlichen Zutaten unterheben. Alles gut vermischen und aus der Masse mit sauberen, kalten Händen Bratlinge formen. Diese in einer heißen Bratpfanne in Olivenöl beidseitig mehrere Minuten anbraten, bis sie goldbraun sind.

Die Zutaten für den Dip gut verrühren. Die Bratlinge mit einem Beilagensalat und dem Dip servieren.

Focaccia mit Olivenpesto

Zu dieser Focaccia hat mich eine schöne Begegnung in einem kleinen italienischen Dorf inspiriert. Hungrig waren wir mittags auf der Suche nach Panini. Im Angebot war zwar nichts Fleischloses, aber der Mann hinter der Theke hat sofort alles darangesetzt, uns leckere Panini mit Gemüse zuzubereiten. Das hat so gut geschmeckt, dass es seinen Platz hier findet. Manchmal sind die einfachsten Kombinationen eben doch die besten.

FÜR 2 PORTIONEN

1 Zucchini
½ Aubergine
2 EL Olivenöl
¼ TL Salz
2 Tomaten
2 Focaccias (Grundrezept Seite 53)

Für das Pesto
3 Knoblauchzehen
1 kleine Zwiebel
6 EL Olivenöl
1 Handvoll frisches Basilikum
120 g schwarze Oliven, entsteint
1 EL Hefeflocken
½ Zitrone, Saft
Salz und Pfeffer

Die Zucchini und die Aubergine längs in dünne Scheiben schneiden und im Olivenöl goldbraun anbraten. Mit dem Salz abschmecken.

Für das Pesto den Knoblauch und die Zwiebel hacken und in etwas Öl andünsten. Mithilfe eines Pürierstabs mit dem restlichen Öl, Basilikum, den Oliven und Hefeflocken pürieren. Mit etwas Zitronensaft, Salz und Pfeffer abschmecken.

Die Tomaten in Scheiben schneiden. Die Focaccia in der Mitte längs durchschneiden und mit reichlich Pesto bestreichen. Dann mit den Tomatenscheiben und dem lauwarmen Gemüse belegen. Das Sandwich in der Mitte durchschneiden und gleich genießen.

Bohnensalat mit Zwiebeln und Tempeh

Bohnen gehören zu den Lebensmitteln, die ich sehr mag, aber viel zu selten kaufe. In Italien hat sich das glücklicherweise wieder geändert. Wie konnte ich nur vergessen, wie gut Bohnensalat schmeckt?

FÜR 2 PORTIONEN

300 g Bohnen
2 Zwiebeln
2 EL Olivenöl
Salz und Pfeffer

Für den Tempeh
125 g Tempeh
2 EL Sojasauce
1 TL Paprikapulver
1 TL Knoblauchpulver
1 TL Reissirup
2 TL Olivenöl

Für die Sauce
5 EL dunkler Balsamicoessig
2 TL pflanzliche Mayonnaise
¼ TL Knoblauchpulver
½ Zitrone, Saft
3 EL Olivenöl

Die Enden der Bohnen entfernen und die Bohnen in einem Topf mit kochendem Wasser 15 Minuten sieden lassen. Die Zwiebeln hacken und in einer Bratpfanne im Öl andünsten.

In der Zwischenzeit den Tempeh klein würfeln. Die restlichen Zutaten zu einer Marinade verrühren und den Tempeh darin wälzen.

Sobald die Bohnen gar sind, das Wasser abgießen und die Bohnen zusammen mit den gedünsteten Zwiebeln beiseitestellen. In der Bratpfanne den Tempeh kross anbraten, bis er goldbraun ist, und mit den Bohnen und den Zwiebeln in eine Schüssel geben.

Die Zutaten für die Sauce verrühren. Das Dressing zum Bohnensalat geben und alles gut vermischen. Den Salat mit Salz und Pfeffer abschmecken und lauwarm genießen.

AUS DEM OFEN

Noch nie habe ich so viele Ofengerichte gezaubert wie auf dieser Reise. Der Omnia – mein kleiner Gasofen für den Herd – ist eine wirkliche Offenbarung. Er sieht zwar aus wie eine zu groß geratene Gugelhupfform, funktioniert aber tatsächlich sehr ähnlich wie ein Backofen zu Hause. Damit ihr all die Gerichte in diesem Kapitel zu Hause und unterwegs nachbacken könnt, findet ihr zu jedem Rezept zwei Angaben. Einmal die Temperatur und die Backzeit für den normalen Ofen zu Hause und einmal für den Omnia unterwegs.

Besonders ans Herz legen möchte ich euch den Kartoffelgratin mit Lauch und Fenchel und das Moussaka mit Linsen.

Kartoffelgratin mit Lauch und Fenchel

Es geht nichts über einen guten Gratin. Besonders die Kombination mit Lauch und Fenchel hat es uns angetan. Und das, obwohl Chris Letzteren eigentlich gar nicht mag.

FÜR 2 PORTIONEN

5–6 mehligkochende Kartoffeln
2 EL Olivenöl
1 Stange Lauch
2 Zwiebeln
1 Fenchel
300 ml Hafersahne
1 ½ EL Cashewmus
3 EL Hefeflocken
¾ TL Knoblauchpulver
½ TL Salz
1 Handvoll Petersilie, frisch gehackt
Pfeffer
1 Prise Muskatnuss, gerieben

Die Kartoffeln ungeschält mit einem scharfen Messer in dünne Scheiben schneiden. Eine ofenfeste Form (oder den Omnia) mit dem Öl bestreichen und die Kartoffeln darin auslegen. Es dürfen ruhig zwei bis drei Schichten Kartoffeln übereinandergestapelt werden. Anschließend die Lauchstange und die Zwiebeln in feine Ringe, den Fenchel längs in schmale Streifen schneiden. Alles über die Kartoffeln verteilen.

In einer Schüssel Hafersahne, Cashewmus, Hefeflocken, Knoblauchpulver und Salz verrühren und die Masse gleichmäßig über den Auflauf gießen. Den Gratin im Ofen bei 200 Grad Umluft etwa 40 Minuten backen. Im Omnia dauert es auf höchster Stufe genauso lang. Den Gratin mit der frisch gehackten Petersilie, frisch gemahlenem Pfeffer und Muskatnuss genießen.

Gut gegen Food-Waste

Ein Gratin eignet sich wunderbar, um bereits welkes Gemüse zu verwerten. Sehr gut schmeckt eine Kombination aus Kartoffeln und Karotten oder Zucchini. Dafür reibe ich das Gemüse jeweils fein und gebe es oben über die Kartoffelscheiben auf die Auflaufform. So wird das Gemüse schön knusprig.

Mediterrane Muffins

Ich gehöre viel eher zum Team »Herzhaft«, wenn es um Snacks geht. Deswegen sorge ich dafür, dass in unserem Van-Kühlschrank immer eine Frischhaltebox mit einer herzhaften Leckerei steht. Besonders angetan haben es mir diese Muffins, die nicht nur sehr aromatisch, sondern auch voller Eiweiß und Vitamine sind.

Der Kreativität freien Lauf lassen

Dieses Rezept soll und darf ganz nach eigenem Gusto abgewandelt werden. Probiert die Muffins beispielsweise auch mal mit Artischocken, Mais, Pinienkernen und Rucola oder verwendet einfach das, was ihr gerade im Kühlschrank findet. Auch welkes Gemüse lässt sich so ideal aufbrauchen.

FÜR 6 MUFFINS

½ Stange Lauch
½ Paprika
1 Zucchini
6 Datteltomaten
3 Knoblauchzehen, gehackt
2 EL Öl
1 TL Paprikapulver
½ TL Salz
1 TL italienische Kräuter
6 getrocknete Tomaten, in Öl
8 Oliven, entsteint
Fett für die Förmchen

250 g Seidentofu
50 g Sojamehl
½ TL Salz
½ TL Knoblauchpulver
2 EL Olivenöl
10 g Hefeflocken
Pfeffer

Den Lauch, die Paprika und die Zucchini in feine Streifen schneiden, die Datteltomaten vierteln und alles zusammen mit dem gehackten Knoblauch in einer Bratpfanne im Olivenöl anbraten. Die Gewürze und Kräuter dazugeben. Die Hitze reduzieren, sobald das Gemüse goldbraun ist. Die getrockneten Tomaten und die Oliven klein schneiden und ebenfalls unterheben. Die Pfanne vom Herd nehmen.

Die restlichen Zutaten im Standmixer oder mit dem Pürierstab zu einem flüssigen Teig mixen, das Gemüse hineingeben und umrühren (nicht mixen). Die Masse in sechs eingefettete Muffinförmchen verteilen. Die Muffins im Backofen bei 180 Grad Umluft etwa 25 Minuten backen (oder im Omnia auf mittlerer Stufe 30 Minuten).

Die Muffins auskühlen lassen und über Nacht durchziehen lassen, denn am besten schmecken sie am Folgetag kalt.

Linsen-Moussaka

Während unserer Zeit in Griechenland waren wir stets auf der Suche nach einer pflanzlichen Moussaka. Weil wir nicht fündig geworden sind, habe ich in meiner Van-Küche meine ganz eigene Kreation ausgetüftelt. Statt Hackfleisch kochen wir Linsen mit. Entstanden ist ein aromatisches und in sich stimmiges Gericht, welches definitiv zu meinen liebsten Rezepten im Buch gehört.

FÜR 4 PORTIONEN

Für die Füllung
2 große Zwiebeln
2 EL Olivenöl
2 Karotten
1 EL dunkler Balsamicoessig
1 TL Agavendicksaft
200 g Tellerlinsen
350 ml Wasser
350 ml passierte Tomaten
1 TL italienische Kräuter
1 TL Paprikapulver, geräuchert
1 TL Knoblauchpulver
Salz und Pfeffer

2 Auberginen
5–6 EL Olivenöl
Fett für die Form

Für die Sauce
350 ml Sojasahne
5 TL Hefeflocken
½ TL Knoblauchpulver
2 Spritzer Zitronensaft
2 TL Mehl
¾ TL Salz
Pfeffer

Die Zwiebeln hacken und in einem Topf im Olivenöl andünsten. Die Karotten reiben und dazugeben. Mit dem Balsamico ablöschen, dann den Agavendicksaft dazugeben. Die Linsen und die Hälfte des Wassers zugeben und mitkochen. Sobald alles eindickt, das restliche Wasser und die passierten Tomaten in den Topf geben. Mit den Kräutern und Gewürzen abschmecken und auf niedriger Stufe köcheln lassen, bis die Linsen weich werden.

In der Zwischenzeit die Auberginen ungeschält längs in ½ cm dicke Streifen schneiden und von beiden Seiten mit Olivenöl bepinseln. In einer beschichteten Pfanne von beiden Seiten im restlichen Öl ausbacken, bis sie goldbraun sind. Zur Seite stellen.

Für die Sauce die Sojasahne mit den Hefeflocken, dem Knoblauchpulver und dem Zitronensaft aufkochen, das Mehl sieben und einrieseln lassen. Gut mit einem Schwingbesen umrühren, damit keine Klumpen entstehen. Die Sauce eindicken lassen und mit Salz und Pfeffer abschmecken.

Eine ofenfeste Form oder den Omnia ausfetten. Die Auberginen wie Lasagneblätter als erste Schicht auf den Boden geben. Die Linsen darauf verteilen und wieder Auberginen darüberschichten, dann folgt wiederum die Sauce. Das Ganze wird so oft wiederholt, wie die Menge ausreicht. Genügend Sauce aufsparen, um diese als Abschluss über das Moussaka zu geben.

Im Backofen bei 200 Grad Umluft etwa 35 Minuten backen. Im Omnia dauert es auf mittlerer Stufe gleich lang. Nach dem Backen 10 Minuten stehen lassen, bis die Flüssigkeit eindickt. Warm, aber nicht mehr heiß servieren.

Griechische Gemista

»Gemista«, so werden in Griechenland gefüllte Tomaten oder Paprika genannt. Die Reisfüllung ist der Klassiker, in manchen Regionen des Landes wird das Gemüse aber auch mit Bulgur gefüllt. Wir hatten die Speise bei jedem Restaurantbesuch in Griechenland gegessen, und so konnte ich es mir natürlich nicht nehmen lassen, mich davon für meine ganz eigenen »Gemista« inspirieren zu lassen.

FÜR 2 PORTIONEN

2 Paprika
2 runde Zucchini
6 EL Olivenöl
1 Zwiebel, gehackt
25 g Pinienkerne
1 Tasse Langkornreis, gekocht
2 TL Tomatenmark
1 EL dunkler Balsamicoessig
2 Tomaten
½ TL Salz
½ TL Paprikapulver, geräuchert
4 Zweige Thymian
Pfeffer
1 Handvoll Petersilie, frisch gehackt

Den Deckel der Paprika und der Zucchini wegschneiden. Die Kerne der Paprika entfernen, das Fruchtfleisch der Zucchini mit einem Löffel herausschaben und klein schneiden. In einer Pfanne etwas Olivenöl erhitzen und die Zwiebel darin anbraten. Die Pinienkerne und das Innere der Zucchini dazugeben und anrösten. Den Reis, das Tomatenmark und den Balsamico hinzufügen und einige Minuten weiterköcheln lassen, dabei ab und zu umrühren.

In der Zwischenzeit die beiden Tomaten klein schneiden und passieren. Die entwässerten Tomaten in die Pfanne geben und mitdünsten. Das Ganze mit Salz, Paprikapulver und gezupftem Thymian würzen. Mit frisch gemahlenem Pfeffer abschmecken. Weitere 10 Minuten köcheln lassen.

Die Paprika und die Zucchini nun mit der Reismischung befüllen und mit dem abgeschnittenen Deckel zudecken. In eine Auflaufform geben und das Gemüse mit reichlich Olivenöl bestreichen. Im Ofen bei 180 Grad Ober-/Unterhitze etwa 50 Minuten backen. Im Omnia dauert es auf höchster Stufe ungefähr gleich lang. Das Gemüse ist gut, sobald die Haut der Paprika dunkle Stellen bekommt oder Blasen wirft. Erst dann entsteht das leckere Raucharoma.

Mit der frisch gehackten Petersilie bestreut servieren. Wer mag, kann auch noch etwas frischen Zitronensaft und mehr Olivenöl darüberträufeln.

Für alle, die Abwechslung mögen

Tomaten oder Zucchini zu füllen, ist der Klassiker. Ihr könnt dafür aber auch sehr gut Auberginen nehmen. Die runden Zucchini gibt es nämlich nicht so häufig im Supermarkt, aber ganz oft regional auf Wochenmärkten.

Kürbis-Sauer-kraut-Lasagne mit Zitronen-Béchamel

Der größte Trost am Ende des Sommers ist doch immer die Aussicht auf die Kürbissaison, oder? Diese Lasagne habe ich mit dem ersten Kürbis, den ich ergattern konnte, gekocht, und seither habe ich das Gericht zu einem meiner Lieblinge erkoren.

FÜR 3–4 PORTIONEN

Für die Lasagne
2 Zwiebeln
2 Knoblauchzehen
2 EL Olivenöl
1 Butternuss-Kürbis
100 g Sonnenblumenhack (oder Tofugranulat)
12 Blätter Salbei, gehackt
½ TL getrockneter Oregano
½ TL Knoblauchpulver
2 TL Dattelsirup (oder andere Süße)
1 ½ TL Gemüsebrühepulver
150 ml Wasser
300 g rohes Sauerkraut
1 Handvoll Rucola
250 ml Hafersahne
¾ TL Salz
Pfeffer
10–12 Lasagneblätter
Olivenöl für die Form

Für die Béchamelsauce
50 g Margarine
3 TL helles Dinkelmehl
220 ml Hafermilch
6 TL Hefeflocken
Salz und Pfeffer
1 Zitrone, Abrieb und Saft

Die Zwiebeln und den Knoblauch hacken und im Olivenöl andünsten. Den Kürbis in mundgerechte Stücke würfeln und dazugeben. Nach ungefähr 5 Minuten das Sonnenblumenhack dazugeben und alles mit Salbei, Oregano, Knoblauchpulver und Dattelsirup würzen. Stetig umrühren. Die Gemüsebrühe im Wasser auflösen und damit den Pfanneninhalt ablöschen. Das Sauerkraut und den Rucola dazugeben, nach weiteren 5 Minuten mit der Hafersahne aufgießen. Die Hitze reduzieren, mit Salz und Pfeffer abschmecken und einkochen lassen.

In der Zwischenzeit für die Béchamelsauce die Margarine zusammen mit dem Mehl und der Hafermilch zu einer Mehlschwitze aufkochen. Die Hefeflocken einrieseln lassen, mit Salz und Pfeffer abschmecken. Zum Schluss den Zitronenabrieb und den Zitronensaft dazugeben.

Eine Auflaufform mit etwas Olivenöl einfetten und den Boden der Form mit Lasagneblättern auslegen. Nun abwechselnd Füllung, Sauce und Blätter übereinanderschichten. Mit einer Schicht Béchamelsauce abschließen. Die Lasagne im Ofen bei 180 Grad Ober-/Unterhitze etwa 30 Minuten backen. Im Omnia dauert es auf voller Stufe 10–15 Minuten länger.

Für das gewisse Etwas

Wer mag, streut ganz oben auf die letzte Béchamelschicht noch etwas Kernmesan. Das Rezept dazu gibt es auf Seite 47.

Gefüllte Portobello-Pilze

Portobello-Pilze sind nichts anderes als große Champignons. Okay, fast. Der Geschmack ist nämlich definitiv aromatischer, mehr umami. Deswegen wird der Pilz auch gerne als Fleischersatz in Burgern verarbeitet. In meinem Rezept werden die leckeren Pilze gefüllt und gebacken.

Für jene, denen es nie scharf genug ist

Sambal Oelek findet man inzwischen in fast jedem Supermarkt. Erfunden wurde die dickflüssige Chilisauce in Indonesien. Dort wird sie zu jeder Speise gereicht. Wer gerne oft scharf isst, kann die Sauce sehr einfach selbst herstellen. Dafür werden lediglich Chilischoten aufgekocht und anschließend mit Öl, Salz und etwas Zucker püriert.

FÜR 2 PORTIONEN

5–6 Portobello-Pilze
3 EL Olivenöl
200 g Tofu-Ricotta (Rezept Seite 41)
1 Zitrone, Abrieb
80 g grüne Oliven, klein geschnitten
¼ Bund Petersilie, frisch gehackt
etwas Minze, frisch gehackt
1 Handvoll Pinienkerne
Pfeffer nach Belieben
Öl für die Form

Die Pilze vorsichtig putzen und den Stiel entfernen. In einer beschichteten Pfanne beidseitig im Öl anbraten, bis sie leicht golden werden (ca. 8 Minuten). In der Zwischenzeit die Füllung vorbereiten. Dafür den Tofu-Ricotta mit dem Zitronenabrieb, den klein geschnittenen Oliven und den gehackten Kräutern in einer Schüssel verrühren. Die Pilze damit füllen und im Ofen bei 200 Grad Umluft in einer Form mit etwas Öl 30 Minuten backen. Im Omnia dauert das Ganze auf großer Stufe ungefähr gleich lang.

Vor dem Servieren in einer Pfanne noch ein paar Pinienkerne anrösten, diese danach hacken und anschließend auf die fertig gebackenen Pilze geben. Wer es feuriger mag, kann außerdem noch etwas Sambal Oelek und etwas frisch gemahlenen Pfeffer mit draufgeben.

Auberginen-Involtini mit Tofu-Ricotta

Involtini sind nichts anderes als Rouladen. In Italien sind Involtini-Rezepte aber meistens sehr fleischlastig. Dabei ist diese Variante mit Aubergine mindestens genauso lecker. Besonders in Kombination mit selbst gemachtem Tofu-Ricotta.

FÜR 2 PORTIONEN

2 Auberginen
5 EL Olivenöl
2 Knoblauchzehen, gehackt
1 rote Zwiebel, fein geschnitten
400 ml passierte Tomaten
5 EL dunkler Balsamicoessig
4 Zweige Rosmarin
150 g Tofu-Ricotta (siehe Seite 41)
¼ TL Salz
Pfeffer
Öl für die Form

Die Auberginen längs mit einem scharfen Messer in dünne Streifen schneiden und diese beidseitig mit Olivenöl bepinseln. In einer Pfanne alle Auberginenstreifen von beiden Seiten ein paar Minuten im Olivenöl andünsten, bis sie sich gut formen und rollen lassen. Beiseitestellen. In derselben Pfanne den Knoblauch und die Zwiebel andünsten. Nach ein paar Minuten die passierten Tomaten und den Balsamico dazugeben. Dann den Rosmarin hinzufügen und bei niedriger Hitze mit einkochen lassen. In der Zwischenzeit jede Aubergine mit Tofu-Ricotta bestreichen und aufrollen. Die Tomatensauce mit dem Salz und frisch gemahlenem Pfeffer abschmecken.

Die fertige Tomatensauce in eine ofenfeste und eingeölte Form beziehungsweise unterwegs in den Omnia geben. Die Involtini vorsichtig auf dem Bett aus Sauce platzieren. Das Ganze im Ofen bei 190 Grad Umluft etwa 30 Minuten backen. Im Omnia dauert es auf höchster Stufe ungefähr 35 Minuten.

Wenn es schnell gehen muss

Wer keine Zeit oder Muße hat, den Ricotta selbst herzustellen, kann auch einfach auf gekauften pflanzlichen Frischkäse zurückgreifen.

Patatas Bravas mit Saucen-Duo

Vermutlich verbinden viele Menschen dieses Rezept mit Spanien. Mich aber erinnert es an einen wunderbaren Abend am Myrtos Beach auf der griechischen Insel Kefalonia. Dort haben wir uns die leckeren Kartoffeln bei Sonnenuntergang und absoluter Zweisamkeit schmecken lassen. Wer weiß: Vielleicht versprüht dieses Gericht ja auch in anderen Küchen ein bisschen Urlaubsfeeling.

FÜR 2 PORTIONEN

5 mittelgroße Kartoffeln
4 EL Olivenöl
1 TL Salz
½ TL getrockneter Rosmarin
½ TL Knoblauchpulver

Für die Smoked-Paprika-Sauce
1 kleine rote Paprika
1 TL Paprikapulver, geräuchert
½ Zitrone, Saft
½ TL Knoblauchpulver
1 TL Birnendicksaft
3 TL weißes Tahini
2 EL veganer Joghurt
1 TL Hefeflocken
etwas Pfeffer

Für die Zitronen-Knoblauch-Sauce
2 EL Hummus
4 EL veganer Joghurt
½ Zitrone, Abrieb
30 ml Pflanzenmilch
1 Knoblauchzehe
1 ½ TL Sambal Oelek (oder Harissa)
etwas Pfeffer

Außerdem
Petersilie, frisch gehackt

Die Kartoffeln gründlich waschen, ungeschält würfeln und in einer Schüssel mit dem Olivenöl und allen Gewürzen vermengen. Im vorgeheizten Ofen bei 220 Grad Umluft etwa 30 Minuten goldbraun backen. Im Omnia dauert es auf höchster Stufe gleich lang. Ab und an umdrehen, sodass die Würfel von allen Seiten knusprig werden.

In der Zwischenzeit die beiden Saucen zubereiten. Dafür jeweils alle Zutaten im Standmixer oder mit dem Pürierstab zu einer gleichmäßigen Sauce mixen. Sobald die Patatas Bravas durch und goldbraun sind, werden sie auf einer Platte platziert. Die beiden Saucen werden darauf mit einem Löffel verteilt.

Das Gericht schmeckt toll mit frisch gehackter Petersilie. Übrig bleibende Sauce dippen wir gerne mit Brot oder nutzen sie am Tag darauf als Sauce für Pastagerichte.

Für alle, die gegen Food-Waste kämpfen

Wer gekochte Kartoffeln vom Vortag übrig hat, kann diese auch gerne in Würfel schneiden und in der Pfanne statt im Ofen knusprig braten. Ist total praktisch, spart Zeit und natürlich Food-Waste.

Ofen-Ratatouille mit Béchamelsauce

Dieser geschmorte Gemüseeintopf ist ein Gedicht. Oder übersetzt: ein gerührter Fraß. Diesen Namen hat Ratatouille bekommen, weil der Eintopf oft stundenlang gekocht wurde. Und tatsächlich gehört dieses Gericht zu denjenigen, die mit jedem Aufwärmen noch besser werden. Das Ding ist nur: Wir haben es noch nie geschafft, Reste übrig zu lassen.

Für noch mehr Aroma

Noch intensiver schmeckt der Eintopf, wenn frische Thymian- oder Rosmarinzweige mitgebacken werden und/oder die Tomatensauce von Grund auf selbst eingekocht wird.

FÜR 2 PORTIONEN

Für das Ratatouille
1 große Zucchini
1 Aubergine
3 Tomaten
2 rote Zwiebeln
400 g gehackte Tomaten (aus der Dose)
½ TL getrockneter Oregano
¾ TL Knoblauchpulver
½ TL Salz
etwas Pfeffer
Öl für die Form
10–15 Blätter Basilikum zum Servieren

Für die Béchamelsauce
50 g Margarine
3 TL helles Mehl
220 ml Hafermilch
6 TL Hefeflocken
Salz und Pfeffer

Die Zucchini, die Aubergine und die frischen Tomaten in gleich dicke Scheiben schneiden (ca. ½ cm). Die Scheiben abwechselnd in einer mit Öl gut eingefetteten Auflaufform (oder im Omnia) auslegen. Wiederholen, bis die ganze Form ausgefüllt ist. Die Zwiebeln achteln und in die Lücken zwischen das Gemüse stecken. Die gehackten Tomaten mit den Kräutern und Gewürzen vermischen, über das Gemüse geben und gleichmäßig verteilen.

Für die Béchamelsauce die Margarine zusammen mit dem Mehl und der Hafermilch zu einer Mehlschwitze aufkochen, die Hefeflocken dazugeben, mit Salz und Pfeffer abschmecken. Die Sauce anschließend über das Ratatouille geben und das Ganze im Ofen bei 180 Grad Ober-/Unterhitze etwa 30 Minuten backen. Im Omnia dauert es auf höchster Stufe 40 Minuten.

Das Ofen-Ratatouille, mit dem frischen Basilikum bestreut, heiß servieren.

FEIERABEND-REZEPTE

Meine Feierabendrezepte richten sich an alle, die sich nach einem Arbeitstag oder am Wochenende etwas mehr Zeit nehmen möchten, um etwas Leckeres zu kochen. Keine Angst – für keines dieser Gerichte steht ihr stundenlang in der Küche. Aber manchmal will gut Ding eben ein bisschen Weile haben. Gerade die cremige Pilzsuppe entfaltet ihr tolles Aroma erst, wenn sie ein paar Minuten länger köcheln darf. Und auch Kürbis schmeckt einfach vollmundiger, wenn er schön gar ist. In diesem Kapitel geht hoffentlich allen, die gerne neue Kombinationen ausprobieren und sich in der Küche ein bisschen austoben wollen, das Herz auf.

Cremige Pilzsuppe mit Haferkorn

Diese Suppe ist richtiges Seelenfutter. Sie hat alles, was eine ausgewogene Mahlzeit braucht: Vitamine von den verschiedenen Gemüsen, Eiweiße von den weißen Bohnen und langkettige Kohlenhydrate dank des Haferkorns. Außerdem verleihen die Pilze dem Gericht eine erdige Umami-Note.

FÜR 2 PORTIONEN

1 Zwiebel
3 Knoblauchzehen
2 EL Olivenöl
15 g getrocknete Steinpilze
10 getrocknete Tomaten
120 g frische Shiitake-Pilze
1 Karotte
¼ Brokkoli
5 Zweige frischer Thymian
½ TL getrockneter Oregano
1 ½ TL Gemüsebrühepulver
350 ml Wasser
100 g Haferkorn
200 ml Sojasahne
150 g weiße Bohnen, gekocht
1 ½ EL Hefeflocken

1 Stück Brot
1 Handvoll Basilikum, frisch gehackt
Pfeffer

Die Zwiebel und den Knoblauch hacken und in einem Topf im Öl andünsten. Die Steinpilze in lauwarmem Wasser einlegen. Die getrockneten Tomaten und die Shiitake-Pilze in Streifen schneiden. Die Karotte längs halbieren und in Scheiben schneiden, den Brokkoli in mundgerechte Stücke zerkleinern. Alles Gemüse und alle Pilze in den Topf zugeben und andünsten lassen. Den Thymian und den Oregano hinzufügen und stetig umrühren.

Die Gemüsebrühe im Wasser auflösen und das Gericht damit ablöschen. Das Haferkorn dazugeben, die Hitze reduzieren und alles bei geschlossenem Deckel einkochen lassen. Nach ungefähr 15 Minuten die Sojasahne, die weißen Bohnen und die Hefeflocken dazugeben. Alles nochmals 5 Minuten aufkochen und anschließend mit dem Brot, frisch gehacktem Basilikum und frisch gemahlenem Pfeffer servieren.

Miso-Auberginen-Pasta mit Pesto

Dieses Pasta-Rezept ist ganz zu Beginn unserer Reise in Griechenland entstanden. Eigentlich war gar nicht vorgesehen, es mit ins Kochbuch aufzunehmen. Aber wie das so oft ist: Die spontansten Gerichte sind oft die besten. Weil Chris so begeistert war von dem Essen, obwohl er ansonsten kein großer Fan von Auberginen ist, findet es nun doch seinen wohlverdienten Platz in »Vantastic Kitchen«.

Für die Ambitionierten

Wer mehr Zeit mitbringt, genießt diese Pasta mit hausgemachtem Tofu-Ricotta (Seite 41). Die cremige Komponente wertet das Gericht nochmals richtig auf und verleiht ihm durch den hohen Eiweißgehalt des Tofus auch wirklich gute Nährwerte. Denn am längsten satt bleibt erwiesenermaßen, wer Kohlenhydrate mit Proteinen in einer Mahlzeit vereint.

FÜR 2 PORTIONEN

1 rote Zwiebel
2 Knoblauchzehen
2 EL Olivenöl
2 mittlere Auberginen
1 Zucchini
1 ½ TL Misopaste
¾ TL Paprikapulver, geräuchert
2 TL Zucker (oder andere Süße)
3 EL dunkler Balsamicoessig
1 EL grünes Pesto
½ TL Salz
Wasser bei Bedarf
250 g Pasta nach Wahl
½ Zitrone, Saft
1 Handvoll Walnüsse
5–6 Blätter Liebstöckel (Maggikraut)
Pfeffer

Die Zwiebel und den Knoblauch hacken und in einer Bratpfanne im Olivenöl goldbraun anrösten. Die Auberginen und die Zucchini halbieren und in ½ cm dicke Scheiben schneiden. Beides mit in die Pfanne geben und ebenfalls anrösten. Nach 7–10 Minuten die Misopaste, das Paprikapulver und den Zucker dazugeben, bis Letzterer leicht karamellisiert. Mit dem Balsamico ablöschen und die Hitze reduzieren. Das Pesto unterheben und alles salzen. Das Gemüse unter gelegentlichem Rühren weiterköcheln lassen. Bei Bedarf etwas Wasser zugeben, damit das Gemüse nicht zu trocken wird (je nach Pfanne).

In der Zwischenzeit die Pasta nach Packungsanleitung garen. Sobald die Nudeln bereit sind, den Zitronensaft über das Gemüse geben. Die Pasta in zwei Teller geben und das Gemüse darauf verteilen. Die Walnüsse hacken, den Liebstöckel schneiden und beides auf der Pasta verteilen. Mit frisch gemahlenem Pfeffer garnieren und heiß genießen.

Kürbis-Maroni-Pfanne mit Rollgerste

Darf ich vorstellen? Alles Schöne, was der Herbst zu bieten hat, in einer Pfanne. Können wir außerdem dafür sorgen, dass die Rollgerste wieder mehr Aufmerksamkeit bekommt? Es muss nicht immer Reis, Pasta oder Quinoa sein.

FÜR 2 PORTIONEN

¾ Tasse Rollgerste
Wasser

200 g Tofu
1 TL Misopaste
10 TL Sojasauce
1 Zwiebel
1 EL Olivenöl
1 kleiner Hokkaido-Kürbis
100 g Maroni (Maronen), gekocht
¾ TL Knoblauchpulver
¼ TL Kreuzkümmel
1 TL Paprikapulver, geräuchert
2 TL scharfer Senf
200 ml Sojasahne
150 ml Wasser
½ Zitrone, Saft
1 Handvoll Rosinen
Pfeffer und Salz
frisch gehackte Petersilie zur Dekoration

Noch mehr Aufmerksamkeit für altes Korn

Tolle Beilagen sind auch gekochter Buchweizen, Vollkornhafer oder Grünkern.

Die Rollgerste nach Packungsanleitung in der dreifachen Menge Wasser kochen.

Den Tofu würfeln und mit der Misopaste und der Sojasauce marinieren. Die Zwiebel hacken und in einer Pfanne im Öl andünsten. Den Kürbis entkernen, in mundgerechte Stücke schneiden und nach einigen Minuten ebenfalls in die Pfanne geben. Den Tofu hinzugeben und alles goldbraun anbraten. Die Maroni, die Gewürze und den Senf ebenfalls in die Pfanne geben. Danach die Sojasahne und das Wasser zugeben und alles auf kleiner Stufe eindicken lassen. Sobald der Kürbis gar ist, den Zitronensaft und die Rosinen dazugeben. Die Pfanne mit Pfeffer und Salz abschmecken.

Die gekochte Rollgerste auf die Teller geben und das Gericht darauf verteilen. Mit etwas frisch gehackter Petersilie garnieren und servieren.

Protein-Burritos

Diese Burritos eignen sich perfekt für ein schnelles Mittag- oder Abendessen. Besonders toll daran ist, dass das Rezept je nach Zeit und Muße, die ihr zur Verfügung habt, angepasst werden kann.

Für die sportbegeisterten Foodies

Wer mehr Zeit mitbringt und sich nach noch mehr Proteinen sehnt, kann auch die Tortillas ganz einfach selbst machen. Mit nur zwei Zutaten: roten Linsen und Wasser. Erstere werden weich gekocht und anschließend mit Wasser zu einem Teig gemixt. Danach kann das Ganze wie bei einem Pancake-Teig in einer Pfanne mit Öl ausgebacken werden.

FÜR 2 PORTIONEN (4 BURRITOS)

Für die Füllung
2 Knoblauchzehen
1 rote Zwiebel
1 EL Olivenöl
1 rote Paprika
50 g Sonnenblumenhack (oder Soja-Schrot)
1 ½ TL Paprikapulver, geräuchert
Chilipulver
½ TL getrocknete Kräuter (Oregano, Basilikum, Thymian)
¾ TL Salz
2 Tomaten
1 ½ TL Balsamicocreme
150 g Mais
150 g Kidneybohnen (oder schwarze Bohnen)
1 TL Birnendicksaft (oder andere Süße)

Außerdem
5 EL Zitronenhummus (Rezept Seite 210)
frische Minze und Petersilie
4 große Tortillas zum Befüllen
2 Handvoll Reis vom Vortag

Den Knoblauch und die Zwiebel hacken und in einer Pfanne im Olivenöl andünsten. Die Paprika entkernen, in feine Streifen schneiden und dazugeben. Das Sonnenblumenhack ebenfalls in die Pfanne geben und alles mit dem Paprikapulver, etwas Chilipulver, den getrockneten Kräutern sowie Salz gut würzen. Stetig umrühren und nach weiteren 5 Minuten die Tomaten in Stücke schneiden und dazugeben. Dann die Balsamicocreme, den Mais und die Bohnen zugeben und mitkochen. Den Birnendicksaft zufügen und das Ganze noch etwa 10 Minuten weiterköcheln lassen.

In der Zwischenzeit den Hummus wie auf Seite 210 beschrieben zubereiten. Etwas frische Minze und Petersilie hacken. Die Tortillas anschließend befüllen: dafür erst in der Mitte der Tortillas den Reis längs verteilen, dann die Füllung daraufgeben. Danach folgen der Hummus und frisch gehackte Kräuter. Den Burrito behutsam und mit festem Griff aufrollen und in der Mitte halbieren. Mit den restlichen frischen Kräutern garnieren und lauwarm genießen.

Süßkartoffel-Kumpir mit Linsendal

Dal oder auch Dhal ist ein Gericht aus der indischen Küche und wird dort zu fast jeder Hauptmahlzeit serviert. Wir waren mit dem Van zwar noch nicht in Indien unterwegs, aber die asiatische Küche inspiriert mich auch unterwegs wie keine andere. In Kombination mit Süßkartoffeln schmeckt mir das würzige Dal besonders gut.

FÜR 2 PORTIONEN

2 große Süßkartoffeln
2 EL Olivenöl
2 Zwiebeln
3 Knoblauchzehen
1 fingerdickes Stück frischer Ingwer
1 TL Kurkumapulver
½ TL Korianderpulver
1 TL Kreuzkümmel
200 g rote Linsen
450 ml Gemüsebrühe
200 ml Hafersahne
2 Tomaten, gehackt
50 g Rosinen
3 EL Tomatenmark
2 TL Zucker
3 EL Zitronensaft
2 EL Tofu-Ricotta (Seite 41) nach Belieben

Für noch mehr gute Eiweiße

Dal mit Linsen zuzubereiten ist der Klassiker. Genauso lecker schmeckt das Gericht aber auch mit anderen Hülsenfrüchten wie Bohnen oder Kichererbsen. Das sorgt nicht nur für Abwechslung im Speiseplan, sondern auch dafür, in einer einzigen pflanzlichen Mahlzeit alle essenziellen Aminosäuren zusammen abdecken zu können.

Die Süßkartoffeln gründlich waschen, abtrocknen und mit einer Gabel mehrmals einstechen, dann im Ofen bei 190 Grad Umluft etwa 50 Minuten backen, bis sie gar sind. Im Omnia dauert es auf oberster Stufe ungefähr gleich lang. Mit einer Gabel kann geprüft werden, ob die Süßkartoffeln schon durch sind.

In der Zwischenzeit das Dal zubereiten. Das Olivenöl in einem Topf erhitzen. Die Zwiebeln und die Knoblauchzehen fein hacken, in den Topf geben und andünsten. Den Ingwer ebenfalls fein hacken und dazugeben. Danach alle Gewürze mit anbraten, damit sie ihre Aromastoffe entfalten können. Die Linsen mit kaltem Wasser abspülen und dann ebenfalls in den Topf geben. Mit der Gemüsebrühe aufgießen und die Hitze erhöhen. Alles umrühren und 10 Minuten mit geschlossenem Deckel köcheln lassen. Sobald die Linsen einen Großteil der Flüssigkeit aufgenommen haben, die Hafersahne, die gehackten Tomaten, die Rosinen und das Tomatenmark beifügen. Mit dem Zucker und dem Zitronensaft abschmecken. Am besten schmeckt das Dal, wenn es weitere 20–30 Minuten auf dem Herd köcheln darf. Erst dann entfalten sich alle Gewürze so richtig gut.

Serviert wird das Dal jeweils in einer Süßkartoffel. Dafür die Kartoffeln vorsichtig längs aufschneiden und mit dem Linsendal füllen. Wer mag, gibt zum Schluss noch etwas Tofu-Ricotta darauf. Auch gut dazu passen frischer Koriander und/oder etwas pflanzlicher Joghurt.

Blumenkohl-Kartoffel-Suppe

Auf unserer Italienreise verschlug es uns ganz unerwartet in die wunderschönen Abruzzen. Anfang Oktober wird es aber auch da abends schon richtig kalt, und so war eine dampfende Suppe sehr willkommen. Besonders macht das Rezept, dass alle Zutaten vorher im Ofen geröstet werden. Ein Gericht, das euch warm durch den Winter bringt.

FÜR 2 PORTIONEN

1 Blumenkohl
2 Kartoffeln
1 kleine Zwiebel
2 Knoblauchzehen
2 EL Olivenöl
½ TL Salz
400 ml Gemüsebrühe
80 ml Sojasahne
1 EL Hefeflocken
1 Prise Kümmelpulver
2 Prisen Muskatnuss, gerieben
Salz und Pfeffer

Für die Toppings
1 Handvoll Blumenkohlröschen (siehe oben)
1 TL Olivenöl
⅓ TL Kurkumapulver
¼ TL Salz
1 Handvoll Cashewkerne
½ Granatapfel
frische Minze

Den Blumenkohl in Röschen teilen und eine Handvoll für das Topping beiseitelegen. Die Kartoffeln schälen und in mundgerechte Stücke schneiden. Die Zwiebel und den Knoblauch vierteln. Alles zusammen auf ein Blech geben, mit dem Öl und dem Salz vermischen und im Ofen bei 200 Grad Umluft etwa 25 Minuten backen, bis das Gemüse geröstet ist. Im Omnia dauert es auf oberster Stufe ein paar Minuten länger.

In einer Bratpfanne die beiseitegelegten Röschen im Öl anbraten, würzen und die Cashewkerne dazugeben. Den Herd ausschalten, sobald die Nüsse goldbraun sind. Den Granatapfel entkernen und etwas frische Minze hacken.

Jetzt das Gemüse aus dem Ofen zusammen mit der Gemüsebrühe und der Sojasahne im Standmixer oder mit dem Pürierstab zu einer Suppe mixen. Mehr Flüssigkeit dazugeben, wenn die Suppe zu dick wird. In einen großen Topf geben und mit Hefeflocken, Kümmel, Muskatnuss, Salz und Pfeffer abschmecken. Alles unter stetigem Umrühren nochmals aufkochen, sodass die Suppe heiß serviert werden kann.

Die Suppe mit den verschiedenen Toppings anrichten und sofort genießen.

Balsamico-Penne

Balsamico kennen wohl viele nur im Salat. Schade eigentlich. Gerade für Pastagerichte ist der süß-saure Essig eine wahre Offenbarung.

FÜR 2 PORTIONEN

250 g Penne
1 Zwiebel
1 EL Olivenöl
6 braune Champignons
1 rohe Rote Bete
100 ml dunkler Balsamicoessig
3 TL Birnendicksaft
1 TL Gemüsebrühepulver
6 Zweige Thymian
2 Prisen Salz
Pfeffer
½ TL Paprikapulver, geräuchert
100 g Cashewkäse
Bundzwiebeln, fein geschnitten

Das macht einen guten Balsamico aus

Balsamico ist ein Essig der Region um die Stadt Modena in Italien. Ein guter Balsamico ist nicht sauer, sondern süßlich und schmeckt sehr würzig und aromatisch. Es lohnt sich, bei der Wahl des Essigs nicht die günstigste Variante zu nehmen und auf den Säuregehalt zu achten. Ideal sind 6–6 ½ Prozent Säure.

Die Penne nach Packungsanweisung garen, danach abgießen und abtropfen lassen. Die Zwiebel klein schneiden und im Olivenöl anbraten. In der Zwischenzeit die Champignons putzen, in Scheiben schneiden und zu den angerösteten Zwiebeln geben. Die Rote Bete würfeln. Die gebratenen Pilze aus der Pfanne nehmen und beiseitestellen. In derselben Pfanne den Balsamico und den Birnendicksaft aufkochen lassen. Die Hitze reduzieren und die Rote-Bete-Würfel dazugeben. Mit der Gemüsebrühe würzen. Den Thymian zupfen und ebenfalls dazugeben. Weitere 10 Minuten köcheln lassen, bis die Sauce karamellisiert. Mit dem Salz und frisch gemahlenem Pfeffer abschmecken.

Die Pilze und die Pasta in die Pfanne mit der Sauce geben, mit Paprikapulver würzen und alles gut vermengen. Den Cashewkäse in mundgerechte Stücke schneiden und ebenfalls dazugeben. Das Gericht mit einigen fein geschnittenen Bundzwiebeln servieren.

Lauwarme Sommerrollen

Sommerrollen sind eine meiner liebsten Vorspeisen. Aber nicht nur im Sommer. Deswegen sind die Zutaten, die ins Reispapier gewickelt werden, nicht allesamt roh, wie das im Originalrezept der vietnamesischen Küche oft der Fall ist. Tofu, Aubergine und Pilze dürfen erst einmal in die Pfanne. Die Rollen werden dann lauwarm serviert.

FÜR 2 PORTIONEN

200 g Tofu
3 EL Sesamöl
5 EL Sojasauce
15 Shiitake-Pilze
1 Aubergine
2 Karotten
1 Gurke
1 Handvoll frische Minze
1 Handvoll frischer Koriander
12–14 Reisblätter

Für den Dip
3 EL pflanzliche Mayonnaise
1 EL Sojasauce
1 cm frischer Ingwer, gerieben
½ Limette, Saft
1 TL Reissirup
½ TL Knoblauchpulver
1 Schuss Wasser

Den Tofu abtropfen lassen und mit einem sauberen Tuch ausdrücken. Den Block in längliche, ungefähr ½ cm dicke Scheiben schneiden und diese mit dem Sesamöl und der Sojasauce marinieren. In einer Pfanne von allen Seiten goldbraun anbraten.

In der Zwischenzeit die Shiitake-Pilze und die Aubergine in schmale, längliche Streifen schneiden. Den Tofu aus der Pfanne nehmen und beiseitestellen. In derselben Pfanne die Pilze und die Aubergine anrösten. Die Karotten und die Gurke in noch feinere längliche Streifen schneiden und beiseitestellen. Die frischen Kräuter hacken.

Alle Zutaten für die Füllung auf einem Brett nebeneinanderlegen. Jeweils ein Reisblatt nach dem anderen in ein Bad mit lauwarmem Wasser eintauchen. Dann die Blätter jeweils mit Tofu, dem rohen Gemüse, der Aubergine, den Pilzen und den frischen Kräutern belegen. Die untere Seite des Reispapiers über die Füllung legen und die rechte und linke Seite nach innen klappen. Anschließend von unten nach oben zu einer Rolle aufwickeln und die Enden gut verschließen. Das Ganze wiederholen, bis alle Zutaten aufgebraucht sind. Die Rollen zum Schluss in der Mitte halbieren.

Für den Dip alle Zutaten miteinander in einer kleinen Schüssel verrühren und über die Rollen verteilen. Den Rest in eine Schale füllen und zu den Sommerrollen reichen. Die Rollen lauwarm genießen.

Weitere Dip-Variationen

Klassisch wird zu Sommerrollen entweder nur Sojasauce oder aber ein Erdnuss-Dip gereicht. Ein Rezept für einen solchen findet ihr auf Seite 213.

Nudel-Tofu-Schiffchen

Dieses Rezept ist inspiriert vom Klassiker Pad Thai aus der thailändischen Küche. Ich serviere das Reisnudel-Gericht gerne in großen Lattichblättern. So können die Nudeln mit Besteck, aber auch sehr gut eingerollt im Salatblatt mit der Hand gegessen werden.

FÜR 2 PORTIONEN

200 g Reisnudeln
2 EL Sesamöl
4–6 Blätter Lattich
150 g Tofu
¼ TL Salz
1 Paprika
2 Karotten
1 EL Erdnussmus
5 EL Sojasauce
5 EL Wasser
1 cm frischer Ingwer
1 Knoblauchzehe
2 TL Süßungsmittel nach Wahl
1 Zitrone, Saft
¼ TL Chilipulver
1 Handvoll Erdnüsse, gehackt
1 Handvoll Koriander, frisch gehackt

Die Reisnudeln nach Packungsanweisung garen, dann in etwas Öl schwenken und zur Seite stellen. Die Lattichblätter waschen und gut trocknen. Den Tofu würfeln und im restlichen Sesamöl mit etwas Salz von allen Seiten knusprig anbraten. Die Paprika und die Karotten in feine Streifen schneiden, dazugeben und weitere 5 Minuten mitdünsten.

Im Standmixer oder mit dem Pürierstab Erdnussmus, Sojasauce, Wasser, Ingwer, Knoblauch, Süßungsmittel, Zitronensaft und Chilipulver zu einer Sauce mixen. Die Reisnudeln mit in die Pfanne zum Tofu und dem Gemüse geben. Die Sauce darüber verteilen und alles gut vermengen.

Die Nudeln lauwarm auf die Lattichblätter geben und mit den gehackten Erdnüssen und dem Koriander servieren.

Spaghetti mit Pfifferling-rahmsauce

Was haben wir in Schweden Pilze gefunden! Als mein Bruder zu Besuch war und uns mit dem Zelt begleitet hat, haben wir jeden Tag frische Pilze gesucht. Für uns war das ein absolutes Highlight und eine schöne Erinnerung an die Kindheit. Früher stiefelten wir nämlich im Spätsommer ganz oft mit unserem Papa durch die Wälder. Und am Abend gab es dann immer Pasta mit Pilzrahmsauce.

FÜR 2 PORTIONEN

350 g Pfifferlinge
3 EL Olivenöl
2 Schalotten
80 g Räuchertofu
½ TL Salz
Pfeffer
3 EL Weißwein
200 ml Hafersahne
1 TL helles Mehl
250 g Spaghetti
½ Bund Schnittlauch

Pfifferlinge richtig putzen

Die Pilze saugen sich schnell mit Wasser voll und verlieren so an Aroma. Deswegen sollten Pfifferlinge besser von Hand geputzt werden. Am besten wird dafür ein Küchenpinsel verwendet. Im Notfall funktioniert das aber auch mit einer weichen Zahnbürste.

Die Pfifferlinge putzen, bei Bedarf waschen und trocknen, dann halbieren. Das Öl in einer Pfanne erhitzen und die Pfifferlinge darin anbraten. Die Schalotten und den Räuchertofu klein schneiden und ebenfalls mitdünsten. Mit dem Salz und etwas Pfeffer abschmecken. Alles mit dem Weißwein ablöschen, die Sahne dazugeben und einkochen lassen. Das Mehl mit etwas Wasser glatt anrühren, sodass sich in der Sauce keine Klumpen bilden, und das Gemisch in die Pfanne geben. Die Sauce dickt beim Aufkochen ein.

In der Zwischenzeit die Spaghetti nach Packungsanweisung garen, dann abgießen und abtropfen lassen. Die abgetropften Spaghetti zu den Pilzen geben und die Hitze reduzieren. Den Schnittlauch fein schneiden, die Sauce nochmals abschmecken und die Spaghetti mit reichlich Sauce und dem frisch gehackten Schnittlauch servieren.

Gnocchi an Paprikasauce

Paprika ist für mich ein Gemüse, welches ich roh gar nicht so gerne mag, das mich in gebackener Version aber immer wieder umhaut. Und genau deswegen ist diese Sauce eine wahre Offenbarung.

FÜR 2 PORTIONEN

Für die Gnocchi
Grundrezept auf Seite 179

Für die Sauce
2 rote Paprika
1 EL Olivenöl
2 Knoblauchzehen
¾ TL Paprikapulver, geräuchert
200 ml Hafersahne (oder andere pflanzliche Sahne)
½ Zitrone, Saft
½ TL Salz
Pfeffer

Für den Nussmesan
150 g Haselnüsse (oder Mandeln)
5 EL Hefeflocken
1 TL Knoblauchpulver
½ TL Paprikapulver, edelsüß
2 EL Olivenöl
Salz und Pfeffer

Für den Nussmesan die Nüsse im Standmixer mahlen, dann mit den restlichen Zutaten in einer Schüssel vermengen. Gut umrühren und im Kühlschrank aufbewahren. Die Mischung ist zwei Wochen haltbar.

Für die Sauce die Paprika vierteln, entkernen und mit dem Olivenöl bestreichen. Die Knoblauchzehen schälen und ganz mit den Paprikavierteln im Ofen bei 200 Grad Umluft etwa 30 Minuten backen (oder bis die Haut der Paprika Blasen wirft bzw. dunkler wird). Dann die Paprika und die Knoblauchzehen in den Standmixer geben und mit den restlichen Zutaten zu einer cremigen Sauce mixen (das funktioniert alternativ auch mit dem Stabmixer). Im Omnia dauert das Backen auf großer Flamme ungefähr 35 Minuten.

Die Gnocchi laut Rezept von Seite 179 zubereiten. Die Gnocchi mit der Sauce vermengen, mit dem Nussmesan bestreuen und heiß genießen.

Pflanzlichen Streukäse aus Samen herstellen
Nicht nur Nussmesan passt toll zu diesem Gericht. Probiert auch unbedingt meinen Kernmesan von Seite 47 aus.

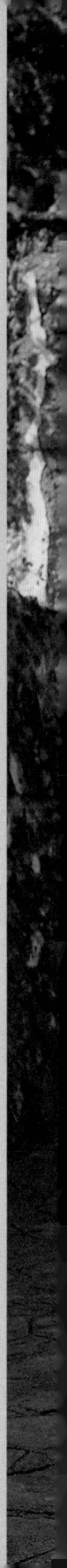

Piadine mit Melone und Zucchini

Das ideale Mittagessen auf die Hand: Piadine. Bei unserer Reise durch Italien gab es sie an jedem Imbiss zu kaufen. In der pflanzlichen Variante waren sie leider oft mit Avocado gefüllt. Dabei gibt es gerade in Italien so viele regionale Zutaten, die viel spannender sind. Et voilà – meine Piadine mit Melone und Zucchini waren geboren.

FÜR 4 PORTIONEN

Für die Piadine
300 g helles Dinkelmehl (Type 630)
150 ml warmes Wasser
30 ml Olivenöl
1 gestrichener TL Salz
Öl zum Braten
Pfeffer zum Bestreuen

Für die Füllung
2 Zucchini
½ Honigmelone
2 EL Olivenöl
Salz und Pfeffer
300 g Tofu-Ricotta (Rezept Seite 41)
Petersilie, frisch gehackt

Für den Teig alle Zutaten in eine Schüssel geben und 5 Minuten zu einem Teig verkneten. Den Teig mit einem Tuch abgedeckt 20 Minuten gehen lassen.

In der Zwischenzeit die Zucchini ungeschält längs in dünne Scheiben schneiden. Die Honigmelone halbieren, entkernen und ebenfalls in Scheiben schneiden. Beides in einer Pfanne im Olivenöl von beiden Seiten anrösten und mit Salz und Pfeffer abschmecken.

Den Teig in vier gleich große Bälle teilen und jede Portion oval zu einer Piadina flach drücken (ca. 3 mm dick). Die Piadine in einer beschichteten Pfanne mit wenig Öl von beiden Seiten 2 Minuten ausbacken.

Die Piadine mit dem Tofu-Ricotta bestreichen, die gerösteten Zucchini- und Melonenscheiben darauf verteilen und etwas frisch gehackte Petersilie darübergeben. Mit frisch gemahlenem Pfeffer bestreuen und lauwarm genießen.

Weitere Ideen für Piadine mit Pfiff

Superlecker schmecken auch die Kombinationen Hummus mit Grillgemüse, Oliven und Rucola oder Ricotta mit karamellisierten Walnüssen und angebratener Birne. Eurer Fantasie sind da echt keine Grenzen gesetzt.

Pesto-Rosso-Risotto

Bei unserer Reise durch Italien haben wir nur wenig Zeit im Norden des Landes verbracht und dementsprechend die Risotto-Region total verpasst. Darum gab es unterwegs als Abwechslung von Pizza und Pasta öfter mal Risotto aus der Van-Küche.

FÜR 2 PORTIONEN

1 Zwiebel
Olivenöl
1 Tasse Risottoreis
1 Schuss Weißwein
2 Tassen Wasser
1 ½ TL Salz
1 Handvoll Datteltomaten
3 TL Bio-Pesto-Rosso
½ TL Knoblauchpulver
½ TL Paprikapulver, geräuchert
Pfeffer
2 TL Hefeflocken
½ Zitrone, Saft
1 Handvoll Pistazien, gehackt
1 Zweig Basilikum, frisch gehackt

Die Zwiebel hacken und in einem Topf in Olivenöl andünsten. Den Risottoreis dazugeben und mit dem Weißwein ablöschen. Mit dem Wasser aufgießen und salzen. Zudecken, die Hitze reduzieren und gelegentlich umrühren. Inzwischen die Datteltomaten in einer separaten Pfanne in etwas Olivenöl anrösten. Sobald der Risotto zwei Drittel der Flüssigkeit aufgenommen hat, Pesto, Gewürze, Hefeflocken und Zitronensaft zum Reis geben. Kurz ziehen lassen.

Sobald der Risotto gar ist, mit den Schmortomaten anrichten und mit den gehackten Pistazien und dem Basilikum servieren.

Pesto Rosso selbst zubereiten

Rotes Pesto ist ganz einfach selbst herzustellen. Dafür werden Pinienkerne, getrocknete Tomaten in Öl, Knoblauch, Hefeflocken, etwas Chili, Salz und Pfeffer zu einer Paste gemixt.

Gnocchi-Pfanne mit Safran und Tomate

Wusstet ihr, dass in Italien in vielen Regionen Safran angebaut wird? Da konnte ich natürlich nicht anders, als mir auch eine Dose der Goldfäden zu kaufen. Entstanden ist ein sehr simples Gericht, welches zwei Stars der italienischen Küche aufleben lässt.

FÜR 2 PORTIONEN

500 g festkochende Kartoffeln
Salz
ca. 175 g helles Dinkelmehl (Type 630; alternativ glutenfreies Mehl)
3 Knoblauchzehen
1 EL Olivenöl
½ Glas eingelegte Tomaten, halbiert
½ g Safranfäden
Pfeffer

2 Zweige Petersilie, frisch gehackt

Für die Gnocchi die ungeschälten Kartoffeln in Salzwasser weich kochen. Schälen, auskühlen lassen und zu einem Brei stampfen. Das Mehl und ¾ Teelöffel Salz hinzufügen und beides in den Kartoffelstampf einarbeiten. Mehr Mehl nehmen, wenn der Teig zu klebrig ist. Den Teig in 1 ½ cm dicke Stränge rollen und davon mit einem Messer 2 cm lange Stücke abschneiden. Mit einer Gabel leicht eindrücken für die typische Gnocchi-Form.

Die Gnocchi in einem Topf mit heißem Salzwasser einige Minuten kochen, bis sie obenauf schwimmen, dann herausheben und abtropfen lassen.

Den Knoblauch hacken und in einer Pfanne im Öl andünsten. Die Gnocchi und die Tomaten dazugeben. Alles mehrere Minuten goldbraun anbraten. Nach ein paar Minuten die Safranfäden hinzugeben und die Pfanne mit Salz und Pfeffer abschmecken.

Besonders gut schmeckt die Gnocchi-Pfanne mit selbst gemachtem veganem Feta-Käse und etwas frischer Petersilie.

DESSERTS

Die Rezepte in dieser Rubrik wurden, anders als viele andere Gerichte in diesem Buch, nicht nur von Chris und mir getestet. Ganz oft, wenn ich gebacken habe, lernten wir nämlich neue Leute kennen und konnten die Leckereien mit ihnen teilen. Der Duft nach frischem Kuchen reichte nicht selten bis zum nächsten Van, und so verhalfen uns die Süßspeiåsen oft zu spannenden Begegnungen. Für mein absolutes Lieblingsrezept
aus diesem Kapitel – das Tiramisu – wird aber gar kein Ofen benötigt. Und auch die schwedischen Chokladbollar können im Nu ohne großen Aufwand vorbereitet werden.

Zwetschgen-Quark-Kuchen mit Streuseln

Es geht einfach nichts über Streuselkuchen. Ich weiß gar nicht, wie oft ich den während der Zwetschgensaison gebacken habe. Selbst in der kleinen Van-Küche ist der Kuchen superleicht zuzubereiten.

Früchte der Saison verwenden

Statt Zwetschgen können für diesen Kuchen natürlich auch die jeweiligen Früchte der Saison verbacken werden. Sehr lecker schmeckt das Ganze beispielsweise im Winter mit saurem Apfel, im Frühling mit frischem Rhabarber oder im Sommer mit Himbeeren.

FÜR EINE OFENFESTE FORM VON CA. 25 × 25 CM

Für den Teig

85 g Kastanienmehl
80 g helles Dinkelmehl (Type 630; alternativ Hafermehl)
70 g Mandeln, gemahlen
1 TL Leinsamen, geschrotet
35 g Zucker
2 TL Zimt
1 Prise Salz
2 Prisen Kardamompulver
1 Prise Nelkenpulver
35 ml Rapsöl
60 ml Wasser
20 ml Hafermilch
30 ml Agavendicksaft
Fett für die Form

Für die Füllung

250 g Sojajoghurt
½ Zitrone, Abrieb
20 g Zucker
350 g Zwetschgen

Für den Teig alle trockenen Zutaten in eine Schüssel geben und miteinander verrühren. Die flüssigen Zutaten bis einschließlich Agavendicksaft mit in die Schüssel geben und alles zu einem krümeligen, mürben Teig verarbeiten. Am besten funktioniert das mit kalten Händen.

Für die Füllung den Sojajoghurt mit dem Zitronenabrieb und dem Zucker in einer separaten Schüssel verrühren und beiseitestellen.

Zwei Drittel des Mürbeteigs auf den Boden einer ausgefetteten, ofenfesten Form verteilen und gut mit einem Teigschaber festdrücken. Die Füllung daraufgeben. Die Zwetschgen entsteinen, vierteln und auf dem Kuchen verteilen. Das letzte Drittel des Teigs krümelig auf den Zwetschgen verteilen.

Den Kuchen im Ofen bei 180 Grad Umluft etwa 25 Minuten backen. Im Omnia dauert es auf mittlerer Stufe etwa 30 Minuten. Am besten schmeckt der Kuchen, wenn er vorher eine Nacht im Kühlschrank verbracht hat.

Brownie-Muffins

Diese Muffins machen ihrem Namen alle Ehre. Sie sind einerseits luftig wie Muffins und andererseits schön feucht wie Brownies. Denn warum sollen wir uns entscheiden, wenn wir beides haben können?

FÜR 6 MUFFINS

120 g Haferflocken, gemahlen
100 g Mandeln, gemahlen
60 g Zucker
30 g Kakaopulver, ungesüßt
1 TL Leinsamen, geschrotet
2 Prisen Zimt
1 Prise Salz
1 TL Backpulver
60 g dunkle Schokolade, gehackt
250 g Zucchini, gerieben
30 ml Reissirup
20 ml Rapsöl
110 ml Sojasahne
Fett für die Förmchen

Alle trockenen Zutaten in eine Schüssel geben und dann mit den flüssigen Zutaten vermengen. Den Teig nicht zu lange bearbeiten, sodass die Masse fluffig bleibt. Die Masse auf sechs ausgefettete Förmchen verteilen und im Ofen bei 180 Grad Umluft ungefähr 22 Minuten backen. Im Omnia-Ofen dauert es auf mittlerer Stufe etwa 10 Minuten länger. Die Muffins sind nach der Backzeit noch nicht ganz fest, werden aber durch das Abkühlen perfekt in ihrer Konsistenz. Am besten schmecken sie, wenn sie vorher eine Nacht lang im Kühlschrank aufbewahrt werden.

Doppelt hält besser

Wer möchte, kann auch gleich die doppelte Menge backen und statt Muffins Brownies aus der Masse backen.

Cookie-Dough-Kugeln

Chris und ich sind beide Bewegungsmenschen. Vor dem Sport stärken wir uns gern mit einem kleinen Snack. Diese Cookie-Dough-Kugeln – die wirklich schmecken wie Keksteig – eignen sich dafür wunderbar.

FÜR 10–12 KUGELN

180 g weiße Bohnen, gekocht
35 g Mandelmus (oder Erdnussmus)
¼ TL Bourbonvanille
20 g Kokosmehl (oder Hafermehl)
25 g Dattelzucker
10 g Zucker
1 Prise Zimt
1 Prise Salz
15 g Kakaonibs
70 g vegane dunkle Schokolade

Cookie Dough kann auch gelöffelt werden

Die Masse muss nicht zwingend zu Kugeln geformt werden, sondern kann, so wie sie ist, auch einfach mit dem Löffel gegessen werden. Statt weißer Bohnen eignen sich übrigens auch Kichererbsen. Diese müssen aber unbedingt gut abgespült werden, da sie sonst einen zu starken Eigengeschmack haben.

Die gekochten Bohnen gut abwaschen und abtropfen lassen. Zusammen mit dem Mandelmus und der Vanille im Standmixer oder mit dem Pürierstab zu einer cremigen Masse mixen. Anschließend in eine Schüssel geben und mit Kokosmehl, Dattelzucker, Zucker, Zimt und Salz verrühren. Die Kakaonibs unter den Teig heben. Die Masse 30 Minuten in den Kühlschrank geben.

In der Zwischenzeit die Schokolade im Wasserbad schmelzen. Aus dem Teig mit einem Teelöffel Kugeln ausstechen und diese mit kalten, aber trockenen Händen rund formen. Die einzelnen Kugeln mit der flüssigen Schokolade überziehen und erneut in den Kühlschrank geben, bis sie fest sind. Luftdicht verschlossen, halten die Kugeln im Kühlschrank fünf Tage.

Schwedische Chokladbollar

Die nordischen Schokokugeln gibt es in Schweden in jeder Bäckerei zu kaufen. Oft sind sie sogar rein pflanzlich und werden mit Margarine statt Butter zubereitet. Für meine eigene Interpretation verwende ich Nussbutter als Fettquelle, was mir persönlich noch besser schmeckt.

FÜR CA. 10 KUGELN

200 g Datteln (Mazafati oder Softdatteln)
120 g Haferflocken
4 EL Kakaopulver
50 g Zucker
2 EL Cashewmus
5 EL frisch gebrühter Kaffee
1 Prise Salz
120 g Kokosraspel

Die Datteln entsteinen. Die Haferflocken im Standmixer zu Mehl mahlen. Beides in eine Schüssel geben und mit den restlichen Zutaten außer den Kokosraspeln mit kalten, gewaschenen Händen zu einem klebrigen Teig verkneten. Wer andere Datteln verwendet, verarbeitet den Teig mithilfe einer Küchenmaschine oder weicht die Datteln vor Verwendung in heißem Wasser ein. Ist die Masse zu trocken, noch mehr Kaffee oder etwas Wasser dazugeben.

Aus dem Teig mit gewaschenen Händen ungefähr zehn gleich große Chokladbollar rollen. Die fertigen Bällchen in Kokosraspeln wälzen und im Kühlschrank aufbewahren. Am besten schmecken sie, wenn sie mindestens eine Nacht gekühlt gelagert wurden.

Den Kaffee ersetzen

Wer keinen Kaffee mag, kann diesen auch ganz einfach durch Orangensaft ersetzen. Das schmeckt auch sehr gut. Ebenfalls köstlich ist die Kombination aus 1 Esslöffel Cointreau und 4 Esslöffeln Orangensaft.

WEAR THE C

Tiramisu

Wenn ich mich für eine Lieblingsnachspeise entscheiden müsste, würde ich sehr wahrscheinlich Tiramisu wählen. So war das auch eines der Gerichte, die ich direkt nach meiner Ernährungsumstellung vor über sechs Jahren veganisieren wollte. Es ist darum höchste Zeit, dieses Rezept mit allen zu teilen.

FÜR 6–8 PORTIONEN

400 g Seidentofu
1 TL Flohsamenschalen (oder etwas Sahnesteif)
5 EL Rohrzucker
250 ml Sojasahne, aufschlagbar
½ Zitrone, Abrieb
1 Prise Bourbonvanille
1 Prise Salz
350 g vegane Kekse
300 ml starker Kaffee, ausgekühlt
3 EL Amaretto
Kakaopulver zum Bestäuben

Den Kaffee durch Himbeeren ersetzen

Wer keinen Kaffee mag oder das Tiramisu lieber fruchtig servieren will, kann statt Espresso und Amaretto gefrorene Himbeeren im Topf schmelzen und damit den Biskuitboden übergießen.

Den Seidentofu, die Flohsamenschalen und den Zucker im Standmixer oder mit dem Handrührgerät schaumig rühren. Die Sahne steif schlagen und vorsichtig zusammen mit dem Zitronenabrieb, der Vanille und dem Salz unterheben. In den Kühlschrank stellen.

Die Kekse in ein sauberes Küchentuch wickeln und mit dem Rollholz bearbeiten, bis sie krümelig sind. In eine viereckige Form geben und mit dem Kaffee und dem Amaretto übergießen. Den Boden etwas festdrücken. Nun die Creme auf dem Biskuitboden verteilen und das Tiramisu einige Stunden kühl stellen. Vor dem Servieren mit Kakaopulver bestäuben.

Gefüllte Snack-Datteln

Unsere kleine Van-Küche verfügt sogar über ein Gefrierfach. Es ist nicht groß, aber für diesen Snack ist darin immer Platz. Ich nasche die gefüllten Datteln gerne abends beim Hören von Podcasts oder tagsüber zwischendurch, wenn mich der Heißhunger packt.

FÜR 10 DATTELN

10 Medjool-Datteln, entsteint
10 TL Mandelmus
1 Prise Salz
¼ TL Zimt
60 g vegane dunkle Schokolade
35 g Mandeln, gehackt

Für alle, die Erdnüsse lieben

Ebenfalls total lecker schmecken die Datteln, wenn sie mit Erdnussmus und gehackten Erdnüssen gefüllt werden. Dann erinnern sie sogar ein wenig an Snickers.

Die Datteln längs aufschneiden und mit dem Mandelmus füllen. Die Datteln mit dem Salz und dem Zimt bestreuen. Die Schokolade im Wasserbad schmelzen und die Datteln damit überziehen. Die gehackten Mandeln über den Snack streuen. Die Datteln anschließend in den Kühlschrank geben, bis die Schokolade fest ist.

Luftdicht verpackt können die Datteln im Kühlschrank oder Gefrierfach aufbewahrt werden und halten locker zwei Wochen (im Gefrierfach länger). Vor dem Verzehr kurz antauen lassen.

Schokoladen-mousse

Die Schokomousse in meinem ersten Kochbuch »Iss dich grün!« trägt den bescheidenen Namen »Die beste Schokoladenmousse der Welt«. Ich finde ja, dass diese neue Variante da auch ganz gut mithalten kann. Vor allem, weil sie hauptsächlich aus Süßkartoffeln besteht, die man erst einmal gar nicht in einer Mousse erwarten würde.

FÜR 3–4 PORTIONEN

380 g Süßkartoffeln
130 g Seidentofu
35 g pflanzlicher Schokoaufstrich
30 g Zucker
25 g Kakaopulver
55 ml Sojasahne
1 Prise Salz
1 Prise Vanille

Die Süßkartoffeln gründlich waschen, mit einer Gabel mehrmals einstechen und ungeschält im Ofen bei 200 Grad Umluft etwa 50 Minuten backen, bis sie gar sind. Im Omnia dauert es etwas länger. Anschließend die Kartoffeln schälen und das Innere der Süßkartoffeln mit den restlichen Zutaten im Standmixer oder mit dem Pürierstab zu einer cremigen Masse verarbeiten.

Die Mousse auf drei oder vier Gläser verteilen und mindestens 3 Stunden in den Kühlschrank geben. Mit etwas pflanzlicher Sahne oder frischen Früchten servieren.

Zimt-Kardamom-Schnecken

Es geht doch nichts über den Duft von frischem Hefegebäck! Bei unserer Reise durch Schweden gönnten wir uns bei jeder Gelegenheit eine Zimtschnecke. Noch besser als die klassischen Kannelbullar schmecken mir aber Schnecken mit Zimt und Kardamom.

Eigelb für die Glasur pflanzlich ersetzen
Besonders schön sieht Hefegebäck aus, wenn es vor dem Backen mit einer Glasur überzogen wird. Dafür verwende ich gerne Aprikosenmarmelade, die ich kurz erhitze und mit etwas Sojasahne verrühre. Alternativ funktioniert auch Sojasahne mit etwas Kurkuma und einer flüssigen Süße ganz gut.

FÜR 6–8 SCHNECKEN

Für den Teig
550 g helles Dinkelmehl (Type 630)
1 ½ TL Salz
½ Würfel Frischhefe (21 g)
5 TL Zucker
70 g vegane Butter
300 ml Hafermilch
Mehl zum Ausrollen
Fett für die Form

Für die Füllung
60 g Haselnüsse
60 g vegane Butter, zimmerwarm
6 EL Zucker
3 TL Zimt
2 Prisen Kardamompulver
1 Prise Nelkenpulver

Für den Teig das Mehl und das Salz in einer Schüssel mischen. Die Hefe zerbröckeln, mit dem Zucker verrühren und zur Mehlmischung dazugeben. Die vegane Butter zusammen mit der Hafermilch in einem Topf erwärmen, bis sich die Butter darin aufgelöst hat. Die Flüssigkeit in die Schüssel zu den trockenen Zutaten geben. Alles zu einem glatten, weichen Teig verkneten. Den Teig mit einem feuchten Tuch abdecken und mindestens 2 Stunden (oder über Nacht) aufgehen lassen.

Den Teig 1 cm dick auf etwas Mehl ausrollen. Für die Füllung die Nüsse mahlen und mit allen restlichen Zutaten vermischen. Den Teig mit der Butter-Nuss-Füllung bestreichen, aufrollen und in sechs bis acht Schnecken schneiden. Die Schnecken in eine gefettete Auflaufform geben (oder in den Omnia) und im Ofen bei 190 Grad Umluft 30–35 Minuten backen. Im Omnia dauert es auf mittlerer Stufe rund 10–15 Minuten länger.

Nuss-Cranberry-Riegel

Diese Nussriegel sind ein perfekter Snack für zwischendurch. Egal ob Hirnsport oder eine anstrengende Wanderung bevorsteht.

FÜR 4–6 RIEGEL

100 g Haselnüsse, geschält
150 g Pistazien, geschält
100 g Sonnenblumenkerne
80 g Cranberrys, getrocknet
½ Orange, Abrieb
160 ml Reissirup
½ TL Zimt
¼ TL Sternanis, gemahlen
¼ TL Nelkenpulver
2 Prisen Muskatnuss, gerieben
2 Prisen Kardamompulver
1 Prise Salz

Die Nüsse und die Pistazien mit einem großen Messer hacken und mit den Sonnenblumenkernen in einer beschichteten Pfanne anrösten. Die restlichen Zutaten dazugeben und die Mischung unter stetigem Umrühren karamellisieren lassen. Die Masse in eine quadratische Form (ca. 20 × 20 cm) geben, gut mit einem Teigschaber festdrücken und über Nacht in den Kühlschrank stellen. Am nächsten Tag mit einem scharfen Messer in Riegel schneiden. Im Kühlschrank halten die Riegel etwa drei Wochen.

DIPS UND SAUCEN

So viel Brot wie unterwegs habe ich vermutlich noch nie gegessen. Gerade für den schnellen Hunger zwischendurch bietet sich eine Brotzeit einfach an. Dafür dürfen natürlich verschiedene leckere Dips nicht fehlen. Mit meinem kleinen Standmixer, der mit an Bord ist, mixe ich sie mir am liebsten selbst. In diesem Kapitel findet ihr jene Aufstriche und Saucen, die in unserem Zuhause auf vier Rädern wöchentlich zum Einsatz kommen.

Süßkartoffel-Aufstrich

Es ist kein Geheimnis, dass ich Süßkartoffeln liebe. Vor allem gebacken schmecken sie unglaublich aromatisch. Wer also auf der Suche nach einem neuen Aufstrich-Rezept ist, sollte diese Kombination unbedingt testen.

FÜR 2 PORTIONEN

1 mittlere Süßkartoffel
200 g Kichererbsen, gekocht
1 Zitrone, Saft und Abrieb
1 EL Tahini
3 EL Olivenöl
1 TL Süßungsmittel nach Wahl
1 Knoblauchzehe
¼ TL Kümmelpulver
¼ TL Salz
etwas Pfeffer

Warum das Tahini entscheidend ist

Richtig wichtig für Aroma und Konsistenz ist bei diesem Aufstrich ein gutes Tahini, also Sesammus. Es sollte hell und flüssig sein. Das beste Tahini gibt es oft in türkischen oder arabischen Läden.

Die Süßkartoffel gründlich waschen, mit einer Gabel einstechen und ungeschält bei 200 Grad etwa 40 Minuten backen, bis sie weich ist. Anschließend schälen und zusammen mit allen weiteren Zutaten im Standmixer oder mit dem Pürierstab zu einer cremigen Masse mixen. Lauwarm mit Brot oder Knäckebrot servieren.

Tofu-Kräuter-Dip

Pflanzlicher Frischkäse wird gerne aus Cashewkernen hergestellt. Mir persönlich ist das oft zu aufwendig, weil dafür die Nüsse erst eingelegt werden müssen. Unkomplizierter und erst recht lokaler ist da mein Dip aus Tofu.

FÜR 1 GLAS À 350 ML

200 g Tofu natur
2 Knoblauchzehen
2 EL Olivenöl
½ Zitrone, Saft
1 EL Apfelessig
1 Schuss Pflanzenmilch
½ TL Salz
½ Bund Schnittlauch
Pfeffer

Alle Zutaten mit dem Stabmixer zu einer cremigen Masse verarbeiten. Wer mag, kann auch noch etwas getrocknete Tomaten dazugeben. Am besten schmeckt der Dip als Brotbelag oder als Beilage zu Ofengemüse.

Zitronen-hummus

Es ist auch kein Geheimnis, dass ich Zitrone liebe. Auch in salzigen Aufstrichen macht sich Zitronen-abrieb wunderbar. Für diesen Dip habe ich mich vom originalen Hummus-Rezept inspirieren lassen.

FÜR 1 GLAS À 350 ML

250 g Kichererbsen, gekocht
2 EL Tahini
3 EL Olivenöl
1 Knoblauchzehe
1 TL Süßungsmittel nach Wahl
1 Zitrone, Saft und Abrieb
½ TL Salz
½ TL Paprikapulver, geräuchert
2 Prisen Kümmelpulver
Pfeffer
etwas kaltes Wasser

Alle Zutaten im Standmixer oder mit dem Pürierstab zu einer gleichmäßigen Masse mixen. Nach Bedarf kaltes Wasser dazugeben, bis der Aufstrich die gewünschte cremige Konsistenz erreicht hat.

Pistazienpesto

Pistazienpesto ist ein sizilianisches Rezept, welches von jeher rein pflanzlich war. Oft besteht es aus nur zwei Zutaten: Pistazien und Öl.

FÜR 1 SCHRAUBGLAS À 250 ML

80 g Pistazien, gehackt
25 g frisches Basilikum
100 ml Olivenöl
15 g Hefeflocken
20 g Pinienkerne, geröstet
1 Knoblauchzehe
½ Zitrone, Saft
Salz und Pfeffer

Alle Zutaten mit dem Stabmixer zu einem Pesto verarbeiten und abschmecken. In ein luftdicht verschlossenes Glas abfüllen und mit mehr Olivenöl bedecken. Im Kühlschrank zwei Wochen aufbewahren oder direkt einfrieren.

Erdnuss-Ingwer-Sauce

Diese Sauce ist ein echter Allrounder und passt zu sehr vielen asiatisch inspirierten Gerichten. Vor allem zu Bowls mit vielen verschiedenen Komponenten schmeckt sie hervorragend.

1 ½ EL Erdnussmus
3 EL Sojasahne
5 EL Sojajoghurt
½ cm frischer Ingwer
1 Knoblauchzehe
1 TL Dattelsirup

Alle Zutaten in den Mixer geben oder mit dem Pürierstab mixen, bis eine cremige und homogene Sauce entsteht.

Vier Tofu-Marinaden

Ganz oft höre ich, dass Leute Tofu einfach nicht mögen. Ich glaube fest daran, dass sie einfach noch nicht die richtige Zubereitungsmethode und Marinade gefunden haben. Denn beides ist für schmackhaften Tofu einfach entscheidend. Hier kommen deswegen einige wertvolle Tipps für die Zubereitung und vier garantiert leckere Tofu-Marinaden.

HONIG-SENF

1 ½ TL Birnendicksaft
2 TL Senf
1 ½ TL Rapsöl
1 ½ TL Knoblauchpulver
½ TL Paprikapulver, geräuchert
½ TL Salz

SWEET 'N' SOUR

1 ½ TL Rapsöl
1 ½ TL Sambal Oelek
2 TL dunkler Balsamicoessig
1 TL Birnendicksaft
½ TL Knoblauchpulver
1 ½ TL Mehl nach Wahl

PESTO ROSSO

2 TL getrocknete italienische Kräuter
½ TL Salz
2 TL Olivenöl
1 TL Tomatenmark
½ TL Knoblauchpulver
1 TL Birnendicksaft

CHEESY TAHINI

2 TL weißes Tahini
1 TL Birnendicksaft
3 TL Hefeflocken
1 TL Trüffelöl
1 TL Salz

Jeweils 100 g Natur-Tofu gut ausdrücken, würfeln und in der Marinade wälzen. Über Nacht gut verschlossen im Kühlschrank ziehen lassen. Anschließend 20 Minuten bei 200 Grad im Ofen knusprig backen oder in einer Pfanne in Rapsöl anbraten.

Joghurt-Tahini-Dip

Ein leckerer Dip ohne großes Schnippeln und Mixen, der aber trotzdem immer wieder lecker schmeckt. Er passt zu Ofengemüse, Reisgerichten oder auch als Belag für Sandwiches oder Burger.

2 Knoblauchzehen
300 g Sojajoghurt
75 g weißes Tahini
2 EL Zitronensaft
1 TL Birnendicksaft (oder andere Süße)
Salz und Pfeffer

Den Knoblauch pressen und mit den restlichen Zutaten zu einem Dip anrühren. Passt perfekt als Dip zu Ofengemüse, als Sauce für Wraps, Burger und Pattys oder auch zu Falafel.

Apfelbutter

Eine leckere Alternative zu Marmelade auf dem Brot ist Apfelbutter. Für das Einkochen solltet ihr unbedingt etwas Zeit und jede Menge Äpfel mitbringen. Ich habe das Rezept entwickelt, als wir eine ganze Kiste mit schon etwas schrumpeligen Exemplaren gerettet hatten. Und was soll ich sagen: Ich würde es jedes Mal wieder tun.

FÜR 1 GROSSES SCHRAUBGLAS À 500 ML

1 kg Äpfel
100 ml Apfelsaft
70 g Zucker
½ Zitrone, Saft und Abrieb
1 TL Zimt
1 Prise Nelkenpulver
1 Prise Salz

Die Äpfel schälen, entkernen, in mundgerechte Stücke schneiden und zusammen mit dem Apfelsaft in einem Topf bei mittlerer Hitze 30 Minuten weich kochen. Dann zu einem Mus pürieren. Die restlichen Zutaten untermischen und die Masse anschließend zurück auf den Herd geben. Unter stetigem Rühren einkochen, bis die Apfelbutter mit der Zeit bräunlich und dicklich wird, so wie Karamell. Je länger die Masse gekocht wird, umso schmackhafter wird sie.

Die Apfelbutter noch heiß in ein steriles Glas abfüllen und verschließen. Im Kühlschrank hält sie sich so mehrere Wochen. Schmeckt toll als Brotaufstrich, im Porridge oder mit Joghurt und Granola.

Dank

Mein größter Dank gilt meinem Partner Chris, der sich mit mir in dieses unglaubliche Vanlife-Abenteuer gestürzt hat. Du hast dich nicht nur durch alle Rezepte geschlemmt und sie ehrlich bewertet, sondern auch so oft mein Chaos in der Küche beseitigt oder als Handmodel hergehalten. Ich verspreche dir, dass wir unser Essen fortan wieder öfter warm genießen und unsere Essenszeiten nicht immer nach dem besten Lichtstand ausrichten.

Wir sind zwar zu zweit unterwegs, doch virtuell reisen viele Passagiere mit, die ich wirklich nicht missen will. Wir teilen all unsere Abenteuer auf Instagram unter @aniahimsa mit der treuen Community, die den Prozess dieses Kochbuchs von Anfang an begleitet, mitgetragen und unterstützt hat. Ohne euch wäre diese Reise nicht möglich. Danke, dass ihr mein erstes Buch »Iss dich grün!« so zahlreich erworben habt und mir noch heute jeden Tag Fotos von Gerichten schickt, die ihr nachkocht. Ich hoffe, dass euch »Vantastic Kitchen« genauso viel Freude bereitet.

Danke sagen möchte ich auch meiner Familie und allen lieben Menschen, die nicht mit uns an Bord sind. Es ist schön, dass wir den Kontakt auch auf die Distanz halten. Merci, dass ihr mich habt gehen lassen und euch mit uns darüber freut, dass wir unseren Traum leben.

Ich danke auch der Camperfabrik. Ohne euch – Samuel, Julia und Team – wäre unser Zuhause auf vier Rädern niemals so perfekt geworden. Ihr habt Fava bis auf das kleinste Detail liebevoll ausgebaut und all unsere noch so verrückten Ideen umgesetzt. Danke, dass ihr so viel Zeit, Fleiß und Schweiß investiert habt.

Rezept-verzeichnis

Bild-
verzeichnis

© 2022
AT Verlag AG, Aarau und München
Fotografie: Anina Gepp, Christian Jäger
Sämtliche Illustrationen von iStock.com mit folgenden Urhebern: Blaubeeren: MarLei; Bratschaufel: Firn; Gabel/Löffel/Messer: Fourleaflover; Kochlöffel: cihanterlan; Pilz: kowalska-art; Schale/Pfanne: alisher9; Sieblöffel: Hein Nouwens; Brokkoli/Karotte/Kartoffel/Radieschen/Tomate/Zwiebel: smartboy10
Lektorat: Nicola Härms
Grafische Gestaltung und Satz: Carla Schmid, AT Verlag
Bildbearbeitung: Christian Spirig, bilderbub.ch
Druck und Bindearbeiten: Printer Trento, Trento
Printed in Italy

ISBN 978-3-03902-149-9

www.at-verlag.ch

Der AT Verlag wird vom Bundesamt für Kultur für die Jahre 2021–2024 unterstützt.

FSC
www.fsc.org
MIX
Papier aus verantwortungsvollen Quellen
FSC® C015829